如何评价学术期刊论文

给人文社科研究者的启蒙指南

王卓◎著

中国出版集团
中译出版社

图书在版编目（CIP）数据

如何评价学术期刊论文：给人文社科研究者的启蒙
指南 / 王卓著 . -- 北京：中译出版社，2025. 5.
　ISBN 978-7-5001-7957-3

Ⅰ. H152.3

中国国家版本馆 CIP 数据核字第 2024AB5415 号

如何评价学术期刊论文：给人文社科研究者的启蒙指南

RUHE PINGJIA XUESHU QIKAN LUNWEN:GEI RENWENSHEKE YANJIUZHE DE
QIMENG ZHINAN

出版发行	中译出版社
地　　址	北京市西城区新街口外大街 28 号普天德胜大厦主楼 4 层
邮　　编	100088
责任编辑	张　猛
装帧设计	人文在线
印　　刷	三河市龙大印装有限公司
规　　格	710 毫米 ×1000 毫米　1/16
印　　张	18
字　　数	239 千字
版　　次	2025 年 5 月第 1 版
印　　次	2025 年 5 月第 1 版第 1 次印刷

ISBN 978-7-5001-7957-3　　　定价：98.00 元

For my grandma

Who has always believed in me

For my husband and also my best friend

Who has always nurtured me

For my parents and family

Who have always supported me

For my children—Jordan and Justin

Who have always inspired me

For my teachers

Who have enlightened me

For my students

To whom this book is dedicated from day one

For myself

Who often struggled with but more often

optimistically stood up

To all obstacles along the way

推荐序

在学术探索的征途上，我们常常被告知"写作是研究的终极表达"；然而，在这之前，有一个至关重要的步骤往往被忽视：对已有知识的评估。正如布鲁姆认知层次理论所揭示的，从知识的积累到创造的飞跃，评价是连接理解与应用、分析与创造的桥梁。在这本书中，我们不仅探讨了如何撰写论文，更重要的是，我们首先要学会如何深入地评价他人的研究成果。

理解与批判：学术成长的基石

评价论文不是对文章质量的简单判断，而是一种深入理解的过程。通过评价，我们能够洞察研究者的思路，理解其研究方法的合理性，以及结论的有效性。这种理解是批判性思维的起点，它要求我们不仅要接收信息，更要质疑、分析和评估这些信息。这种批判性思维是学术成长的核心，它能够使我们在学术海洋中航行，不被错误的信息所迷惑。

提升研究质量：从评价中学习

评价他人的论文，我们能够学习到如何设计严谨的研究，如何清晰地表达复杂的思想，以及如何有效地呈现数据。这些经验对于我们自己的研究至关重要。通过评价，我们学会了如何避免常见的研究陷阱，如何在研究中保持客观和公正，以及如何将研究结果转化为有意义的知识贡献。

培养学术责任感：评价与学术诚信

在学术界，评价不仅是个人能力的体现，更是学术责任感的体现。通过公正、严谨的评价，我们维护了学术研究的诚信和质量。这种责任感对于建立一个健康的学术环境至关重要，它鼓励研究者追求真理，而不是追求发表数量。通过评价他人的工作，我们也能不断地提升自己的学术标准。

开启创造之门：评价与创新

评价不仅是对现有知识的审视，更是创新的催化剂。在评价过程中，我们可能会发现研究的空白，或对现有理论提出新的见解。这种发现激发了我们的创造力，引导我们走向新的研究领域。评价他人的工作，实际上是在为自己的研究铺路，为我们的学术旅程注入新的活力。

在这本书中，我们将一起踏上评价的旅程，学会如何以批判的眼光看待学术世界，如何在评价中成长，如何在理解与创造之间架起一座桥梁。让我们从评价开始，开启智慧的航程，共同探索知识的无限可能。

——学术志创始人　郭泽德

自序一

如果有人告诉你，只要他把如何拍摄电影的有效策略、手法、原则告诉你，你就可以拍出一部惊世骇俗的电影，你会不会相信？你大概率不会相信。可是，如果把"电影"二字换成论文，却有很多老师和学生对此深信不疑。

通过搜索市面上的关于研究和写作的书籍，你会看到琳琅满目的作品，教你如何做研究、如何写论文。这些著作，当然都是专家学者长年累月实践和思考的结晶；但在领略这些著作的风采之前，我建议大家学会另外一件事：评价论文。

布鲁姆曾把学习目标分为几个层次，其中最低层次的是记忆，而最高层次的是创造。我们学习做研究和写论文又何尝不是如此呢？不先经历创造之前的若干步骤，而直接去创造并且获得认可和好评，这是反常的，也是极为罕见的（除非是在艺术这种极为看重主观和个性的领域）。

我很幸运，遇到了明白和践行这个逻辑的老师。在我读研一的时候，教授教育研究方法这门课程的老师就把 *Evaluating research in academic journals: A practical guide to realistic evaluation*[①]（《评价学术期刊研究：用于真实评估的实践指南》）这本书作为教材之一让我们研读和学习，所以，在我学习做研究、写论文的道路上，几乎没有走过弯路。读博一的时候，另外一位导师要求我们每周做三篇论文批判（article critique）。因为有了这本书的知识基础，所以批判论文对我而言不再是难事。

若干年以后，我开始在学术志平台讲课。所讲的内容包含文献综述、中英文论文写作等，无不需要与期刊论文质量评价结合到一起。我一下子就想到了这本书。可是，大部分学员英语基础很薄弱，而这本书至今也没有中文译本。尽管我之前主动联系了作者，也获得了比较积极的回复，但因为该著作中的很多案例和标准不完全适用于我国国情，最终我放弃了翻译的念头，而打算从头来写。

站在这本书作者的肩膀上写书，是容易的。因为他已经提供了那么具体而全面的评价标准，我需要做的就是判断哪些适用于我们、哪些不适用。

站在这本书作者的肩膀上写书，又是困难的。写书需要原创精神，需要对前人的尊重和对现状的准确把握。如何结合我这个青年研究者所了解的国情写出一本相似但不相同的书呢？我在一天天、一夜夜的修改中不断自问，找寻答案并最终给出了答案。此刻，它，就摆在你的面前。

在学术的道路上，我始终坚信，高质量的研究不仅能够拓展知识的边界，还能为教育实践带来实质性的影响。我真希望这本书可以为更多的教育学研究生、博士生提供一个清晰的框架，帮助他们在学术探索的道路上走得更远。

我将完成并推广这本书视为一项使命，旨在培养下一代学者的批判性思维和研究能力。我愿景中的学术界，是一个充满创新、诚信和深度对话

[①] Pyrczak, F. (2016). *Evaluating research in academic journals: A practical guide to realistic evaluation*. Routledge.

的社区，每一位学者都能在其中找到自己的位置，为教育领域的发展贡献力量。我相信，通过这本书，我们能够激发更多的研究热情，促进更深入的学术交流，共同推动教育科学的繁荣。

编写这本书的过程，是对我个人能力的一次极大考验。我深入研究了学术论文的每一个结构，从标题到文献综述，从研究方法到结论撰写，力求为读者提供最全面、最实用的评价标准。在这个过程中，我与国内外同一领域的专家进行了深入的交流，汲取了他们的智慧和经验。我也投入了大量的时间和精力，确保书中的每一个案例分析都贴近实际、每一个评价标准都经得起实践的检验。

在此，我要感谢我的家人、导师、同事，以及学术志团队和其他支持我的人。没有他们的鼓励和帮助，这本书将无法完成。我也希望，这本书能够成为研究生和年轻学者学术道路上的一盏明灯，照亮他们前进的每一步。

最后，我期待这本书能够激发更多的讨论和思考，为教育学领域的研究注入新的活力。让我们携手同行，在知识的海洋中探索未知，共同见证学术研究的辉煌未来吧！

王卓

2024年2月

自序二

作为一名"青椒"，常常要面对很多选择。有的人不需要做选择，因为他们精力充沛又能力卓越；而我，仅仅是广大普通教师中的一员，没有异于常人的天赋，也没有用不完的劲儿。我热爱我的工作，但我也爱我的家庭、我的孩子，我更珍惜自己在这个世界上生活得自在和洒脱。

写一本好书，可能是一部分大学老师成长发展的自然结果，也可能是很多大学老师毕生的理想和追求。我也不例外。我希望尽自己微薄的力量，发出一点儿声音，创造一定范围的影响力，帮助那些同我一样在面对学术这座大山会偶感困惑和惧怕的人。

而写书，又是一件多么耗费精力和时间的事！几次起意，几次中断，几次几乎放弃。因为每年的3月要拿课题，每年的5月要帮助大批本科生和研究生顺利完成论文；每年的暑假要高质量地陪伴孩子；每年的秋季又开始为当年还在审稿中的论文焦虑，甚至为了准备plan B还需要快速去发展新的课题然后投稿；每年的冬季则开始为年底的绩效考核担忧和为明年的科研计划打算；每年的寒假则在为各种课题和基金做一些看似努力、实则无望的准备……这样算下来，留给自己沉下心来写书的时间真的不多。

这让我想到了那个捡了芝麻丢了西瓜，以及不断在花丛中追逐蝴蝶的寓言故事里的小动物。我曾经有几年就像那只小动物，但我此时决定不再做那只小动物了。

蝴蝶不美吗？很美。天空不蓝吗？很蓝。芝麻不香吗？很香。

但是，它们的存在都不是我能控制的啊。如果把我的快乐和追求放在运气之神的手中，那我几乎没有主动权，而是完全被拿捏的。我好像没有办法左右自己的快乐。哪怕是任何一刻，天空没有放晴、蝴蝶没有飞来、芝麻索然无味，我就会黯然神伤、自怨自艾。

环顾四周，好像这样的人还真不少。我们真的只有这样才能当好一名大学老师、做好一名研究者吗？应该也不是。

回到我自己本身——几年之中，从一个自命不凡的小"青椒"，到屡屡受挫的大"青椒"。我很感谢那些没有达到我既定目标的经历，正是这些经历，让我对学术之路更加敬畏，对"学者"这个称呼更加崇敬，对自己想要成为什么样的人、为这个社会做什么样的事，有了更为深刻和长远的思考。

蝴蝶飞来，我能伸手抓到，便去抓；芝麻飘香，我能走两步吃到，便去吃；太阳出来了，我能晒一会儿取取暖，便在苍穹之下拥抱阳光。而大部分的时间，我要低下头，弯下腰，像一个老农民，去呵护脚下的泥土，播种我真正想要照顾好的种子，收获真正有个人意义和社会价值的果实。

我深知，这本书的不足之处有很多。首先，并非所有的标准都能给出非常贴切的案例展示和分析。因为有的标准比较具体，有的标准则稍显抽象。其次，对于相关核心概念的解释，仅仅作为理解评价标准的辅助内容，并非细致入微，还需要感兴趣的读者阅读更为专业的书籍。最后，有一些判断标准来自我阅读和分析国内外部分教育学、心理学期刊而获得的经验，不能作为跨学科、跨文化、跨期刊的客观的统一标准，因此是否适用于读者想投稿的目标期刊，还需要读者酌情判断。

真心希望，这本书能作为你尝试阅读和评价学术期刊论文的开始。如果读完之后，你觉得研究好像也没有那么难；拿到一篇论文，你能比较自信地给出自己的判断和打分，那么这本书的存在就是有意义的。

读者反馈

邓云洁（教育学本科生）

这本书对我来说是一盏明灯。它不仅提供了评价论文质量的实用框架，还教会了我如何在教育学原理的研究中运用这些工具。老师的写作思路清晰、逻辑性强，让我在学术探索的道路上更加自信。

何惠（艺术学博士）

在学术研究中，我们面临着许多无法简单量化的问题。这本书深入探讨了这些问题，为我们提供了全新的视角。我相信，通过对这本书的学习，我们不仅能够更好地评估自己的研究成果，也能够更加客观地看待同行的工作。这不仅有助于提升我们自身的学术水平，也有助于营造一个更加公平、包容的学术环境。

海琴（法学博士）

在学术圈，我们常常被各种评判标准和指标所困扰。论文发表在哪家期刊、被引用多少次，似乎成了衡量一个学者水平的唯一标准；但事实并非如此简单。这本书深入剖析了学术评价的复杂性，引导读者客观认识期刊论文的质量，而不是简单地迷恋于表面的数据指标。相信通过对这本书的学习，我们能够更加自信地评估自己的研究成果，并为学术事业贡献自己的力量。

管鑫（小学教师，硕士）

我发现这本书在指导我们如何从教学实践的角度审视学术论文方面尤为出色。它的案例分析部分特别吸引人，让我能够将理论与实践相结合。老师的讲解有一种娓娓道来的感觉，易于理解。

马耀（教育学研究生）

本书不仅涵盖了评价论文的通用标准，还特别引用了人文社科领域的多个案例进行对比解析。其写作风格温暖而包容，让我感受到了学术研究的人文关怀。

孙春梅（小学教师，本科）

本书通过提供一套全面的评价标准，帮助研究者确保他们的工作不仅具有理论深度，而且能够转化为实际应用。我特别赞赏作者对于理论讲解和案例分析的平衡处理，这对于我们这些对研究感兴趣的一线教师特别友好。这本书是人文社科研究启蒙的必读之作。

尹兆逸（语言学，在读博士）

这本书深入剖析了人文社科研究普遍存在的一些问题，比如研究热点转瞬即逝、研究方法更新迭代迅速等。作为语言学研究者，我们也常常面临这些挑战。这本书为我们提供了切实可行的应对之策。

张冰（中学教师，硕士）

这本书提供了一个全新的视角来评价研究性写作。它的写作风格简单明了，直接切入主题，让我能够快速把握评价论文质量的关键点，非常实用。

张黎（副教授，心理学博士）

这本书不仅为读者提供了一套清晰的评价体系，还通过丰富的案例分析，让理论与实践相结合。它不仅适用于教育学领域，其评价标准和方法论的普适性也使其成为跨学科研究者的宝贵资源。

写在前面的话

作为一本面向人文社科专业研究生和博士生的著作，本书在选取论文评价的具体案例时，主要采用了教育学领域的论文作为案例，一方面是因为作者本人有教育学背景，对该领域的研究特点和论文写作规范有较深入的了解；另一方面是因为教育学作为一门综合性学科，涉及社会学、心理学、管理学等多个领域，其研究方法和论文写作特点具有一定的普遍性。通过对教育学论文的分析和评价，读者不仅可以学习到论文质量评估的一般性方法和技巧，也能够触类旁通，将这些方法应用到自己所属的人文社科专业中。

本书主要面向人文社科领域的硕士研究生、博士研究生以及青年学者。这些读者群体正处于学术研究的关键时期，需要掌握论文质量评估的基本方法和技能，以提高自身的学术写作水平，增强论文发表的竞争力。同时，对于有志于从事学术研究的本科生来说，本书也可以为他们提供宝贵的学习参考。

首先，需要特别说明的是，本书并不适合期刊编辑或其他专业从事论文评审工作的读者。这是因为期刊编辑在评价论文质量时，不仅需要掌握论文评估的基本方法，还需要结合学科特点、学术前沿动态以及期刊定位等多方面因素综合考量；而本书主要侧重于论文质量评估的基本理论和方法，无法完全涵盖专业编辑所需的全部评审技能。因此，本书的主要读者群体仍集中在学术研究人员，而非期刊编辑等专业从业者。

再次，本书中所采用的论文案例并非直接引用或批评他人的研究成果，而是由作者利用 ChatGPT 等人工智能技术生成的模拟论文。这样做的目的：一方面，避免对其他研究者的学术成果造成负面影响或困扰；另一方面，确保案例的针对性和代表性，更好地服务于本书的教学目的。通过分析这些人工智能技术生成的模拟论文，读者可以更加客观地学习论文质量评估的方法，而不会受到特定学者或研究团队成果的影响。

其中，有一小部分中文概念之后，我也给出了对应的英文单词。这是因为，我认为这些词属于大家阅读英文文献应该熟练掌握的词语。对于未来期望发表英文论文的学者来说，这个过程是必要的，也是有价值的。

最后，为了把评价论文和设计研究、撰写论文结合起来，我还特地使用了一个国内学术圈还算比较新的概念——知识隐藏（Knowledge Hiding），并将这个概念编成一个案例故事，完整地呈现了如何从零开始规划、构思和落笔一项研究与写作。这个案例虽然是虚构的，但确实是我本人长久以来比较感兴趣的一个话题。或许有一天，我会有时间和精力将这个选题付诸行动，这样，大家就能够真正看到一项研究从开始到发表的全过程。

我们为什么要评价？

如果有人让我公开评价一下写出了《百年孤独》的马尔克斯，或者写出了《丰乳肥臀》的莫言，我会觉得这个要求匪夷所思：我自己都写不出来比这些差一亿倍的作品，有什么立场和权利去评价这些文学巨擘呢？

我相信很多研究生在初次听说要亲自去批判顶刊论文时，应该也是这种感觉吧。自己都发表不了，还要对已经发表的专家及其作品评头论足，简直是班门弄斧。

但是，通过这本书，我想让大家给"评价"这个词、这件事，赋予新的含义和价值。我们去评价一部电影、一本书、一篇论文时，并不是要彰显我们的优越感，或者我们的知识有多丰富、能力有多高超。当我们指出这些作品中的遗憾，对某些元素和设计抱有质疑，也并不意味着我们在贬低它们的价值和贡献。

首先，评价本身其实也是一种学习方式[①]，它的另外一个名字叫诠释和内化。我们对于作品的评价不见得能全面而精准地反映出作品的真正意义

---

① Bloom, B. S. (1971). *Taxonomy of educational objectives: The classification of educational goals: By a committee of college and university examiners*. David McKay.

和价值，但能折射出我们自己以往的经历和认知。

比如，当我们初次通过某篇论文了解到现象学，可能会说"这是一种全新的研究方法，作者很有原创性，选题很新颖"，但事实上，现象学并不是一种全新的研究方法；更为准确的说法是，它在质性研究里的应用频率要比一般质性研究、个案研究和扎根研究等更低，更为少见。我们之所以会有"现象学是一种全新的研究方法"这样的评价，是因为（或者说折射出）我们之前对于现象学的了解近乎为零，或者我们读的质性研究文献总量比较少，研究方法的类型十分有限。

通过这样一个评价（诠释和内化）的过程，一方面，从学生视角来看，加深了对所评价和学习的文献的印象，记住了关于这篇文献的一些关键点，方便未来快速和准确地回忆这些内容；另一方面，教师或者导师可以通过学生对文献的评价来判断学生理解文献的能力、程度和盲区，便于调整自己的指导策略和目标，精准培养学生阅读和赏析文献时所需的批判性思维。

其次，评价——尤其是来自同行的专业评价——是促进学术发展的一股重要力量[1]。如果一项研究仅以发表与否来定输赢，那么很有可能会滋生很多急功近利的"学术蝗虫"。论文一旦发表就大功告成，无须对里面的内容负责，无须面对大众的评价、成果质疑和被期刊撤稿的风险，那么这种做法可能会导致学术成果的质量下降，使研究的创新性和严谨性受损。相反，如果学术界鼓励并重视来自同行的专业评价，那么不仅能提高研究的质量，还能促进学术交流和知识的累积。通过同行评价，研究者可以获得宝贵的反馈，改进他们的工作，同时也能避免那些方法论上有缺陷或结论不可靠的研究流入公众领域。

同行评价还能促进学术界的自我纠错机制。在一个健康的学术环境中，研究者不应该害怕批评和质疑，而应该将其视为学习和成长的机会。这种

---

[1] Marshall, G. (2005). Critiquing a research article. *Radiography*, 11(1): 55–59.

文化不仅有助于个人的职业发展，也有助于整个学术领域的进步。通过不断的挑战和改进，学术研究能够更接近真理，更好地服务于社会。

最后，大家要尽快认清的一点就是，没有完美的研究设计或论文写作（"There is no perfect research question, and no perfect solution or methodology"）[①]。主要原因如下：

一方面，人文社科研究充满了主观性和复杂性，涉及人类行为、文化、社会等复杂的主题，这些主题往往具有高度的主观性和多样性。因此，研究者在解释和分析这些主题时，难免会受到个人观点、背景、文化等因素的影响，从而可能产生偏见或误解。

例如，一群研究生被要求去研究《1984》这部小说的政治意义。一位研究者可能会从作者乔治·奥威尔的政治立场出发，强调小说中对极权主义和政治压迫的揭示，将其解读为对当时政治体制的批判；另一位研究者则可能更加关注小说中的科技控制和思想操控，认为小说是在警示未来科技发展可能带来个人自由受限的危险；此外，还可能有研究者将焦点放在小说中的人性和情感层面，强调其中的爱情线索或者对于人性的深刻剖析。在这种情况下，尽管他们都在研究同一部作品，但由于个人的研究兴趣、方法论取向和背景知识的不同，得出的结论和解释也会有所不同，甚至相互矛盾。这突出了人文社科领域中主观性和多样性的存在，以及研究者在解释和分析问题时所面临的挑战。

另一方面，收集数据的过程和质量往往受到研究者个人现实因素的约束。与自然科学不同，人文社科领域的研究通常涉及获取和分析人类行为、文本、历史记录等非结构化的数据。这些数据的获取可能更为困难，而且往往具有不确定性和不完整性。例如，一个研究者想要研究某个社会群体的价值观念变迁，他可能会选择进行深度访谈或观察这个群体的日常行为。然而，在实际操作中，他可能会受到诸如时间、经费、研究对象合作度等现实

---

① Blass, E.（2020）. Debunking Hattie: Evaluating the contribution of academic studiesto policy development and implementation in Australia. *Journal of Education & Social Policy*, 7（4）: 90.

因素的限制。如由于时间有限，他只能进行少数几次访谈或观察，而无法全面了解群体的多样性和变化趋势；又如由于经费有限，他无法覆盖所有需要研究的维度，导致研究结果可能不够全面或者不具有代表性。

同时，研究者与研究对象之间的关系和合作程度也会影响数据的质量和可信度。如果研究者无法建立起信任关系，可能会导致研究对象不愿意真实地表达自己的观点或行为，从而影响研究结果的真实性。

尽管评价看起来人人都可以做，实际上却是一项需要一定技能，且要求我们谨慎对待的工作。对一位研究者或作者的作品进行评价，是一项严肃的任务，需要我们充分地了解和客观地分析。如果我们缺乏足够的知识和技能，随意发表评价则不但会给自己和所在的机构带来负面影响，甚至还会伤害到他人的感情和声誉。

因此，当我们进行评价时，应该尽可能客观和全面地看待发表了的论文成果。我们不应该仅仅因为自己无法达到作者的水平而放弃对作品的评价，而应该努力理解作品背后的思想和意义。即使我们对某个领域了解不多，也可以从自己的角度出发，提出一些有建设性的意见和观点。在这个过程中，我们不仅可以提高自己的学术能力，也可以促进学术交流和知识传播。

需要指出的是，期刊论文、会议论文和学位论文是学术研究中常见的三种形式，它们在内容、发布平台和评价标准等方面存在一些区别。期刊论文是指发表在学术期刊上的研究成果，通常经过同行评议和编辑审核后发表。期刊论文具有较高的学术权威性和可信度，是学术界认可的研究成果。会议论文是指发表在学术会议上的研究成果，通常通过会议投稿、评审和发表流程完成。会议论文的发布速度较快，适合分享初步研究成果和探讨新观点。学位论文是研究生在完成学位时要求提交的学术论文，通常包括硕士论文和博士论文。学位论文要求研究生独立完成具有一定深度和广度的研究工作，并经过答辩和评审后获得学位。此外，期刊论文和会议论文在评价标准和影响力方面也存在一定差异。期刊论文通常受到期刊的影响因子和被引频次等指标的影响，影响力较大的期刊论文会被广泛引用和关注。会议论文则更注重研究的新颖性和实用性，其影响力主要体现在学术交流和合作中。学位论文则是研究生获得学位的必要条件，重点在于研究生对特定研究领域的深入研究和其学术能力的展现。

由上可见，期刊论文是学术研究成果的主要发布形式，代表着研究者的学术水平和研究能力。通过评价期刊论文质量，学术界和读者可以准确了解研究成果的可信度和学术质量，从而提高学术交流的效率和质量。同时，评价期刊论文质量还可以促进学术研究的发展和进步，激励研究者高质量地工作，推动学术界不断提升研究水平和学术标准。优秀的期刊论文不仅能为学术界提供有益的研究成果和启发性观点，还能推动学科领域的发展。此外，评价期刊论文质量有助于学术期刊建立良好的声誉和影响力，因为期刊的品质和质量直接关系到其在学术界的地位和影响力。通过评价期刊论文质量，可以促使学术期刊提升质量标准和学术规范，增强期刊的学术声誉和影响力。

综上所述，评价是一种重要的学习和交流方式，同时也是一项需要一定技能且要求我们谨慎对待的工作。通过客观、全面地评价他人的作品成果，我们不但可以提高自己的学术能力，还能促进学术交流和知识传播，推动学术领域不断稳步、向前发展。

为何人文社科论文一定会有缺陷？

我们离开了课堂与教科书的美好蓝图，进入学术期刊的大千世界，会发现没有哪一篇论文能够百分之百完美无缺[①]。即使是最牛的专家学者，他们所设计的研究也同样受制于种种外在因素，难以调用全球所有资源对一个课题进行穷尽式检验。

所以，当我们在阅读文献的过程中发现某论文存在漏洞或不足时，也不要觉得奇怪，更不用因此而对其作者的能力产生怀疑。这些缺陷恰恰体现了知识积累的现实困境。我们作为读者，正需要从中学会宽容和理解，在发现缺憾的同时保持积极乐观的心态，甚至可以大胆地把握机会，挑战权威，寻找突破的契机，让自己的研究成为解决某一问题的关键闭环！

下面，我们就仔细来聊一聊那些导致人文社科的学术论文总有缺憾的常见原因。教师之所以反复强调研究生要培养批判式的文献阅读能力，也正是基于这样的认知。

---

① Blass, E.(2020). Debunking Hattie: Evaluating the contribution of academic studies to policy development and implementation in Australia. *Journal of Education & Social Policy*, 7(4).

1. 科研工作者往往面临巨大的发表压力

作为教育学界的教师，我深有体会：长期存在的科研发表压力日益加重，已成为工作中的一个主要瓶颈。无论是新教师还是资深教师，在应对层层加码的发表要求时，也难免会影响研究的质量。

具体来说，教师们面临以下几点发表压力：

（1）申请项目时，评审会检查近几年的发表数量；

（2）想升职称时，需要关注论文在期刊中的影响因子；

（3）指导学生毕业时，往往需要在指定期刊上发表几篇论文。

由于时间和精力有限，为满足这些发表要求，研究者可能会在研究过程中产生侥幸心理，客观上降低研究标准和质量要求，只求将每次发表所投入的消耗降到最低。这就部分解释了为什么有很多教育学论文质量并不高。我们应该理解，无论是学术研究还是论文写作，往往也是一个不断学习和提升的过程。青年学者刚开始写的论文也许很难一发表就成为经典，但只要不断深耕，研究水平和论文质量就会不断提升，总有一天会发表出高引用量的论文，成为有巨大影响力的学者。

2. 研究热点往往转瞬即逝

一个研究热点在受到广泛关注后，很容易带来更高的引用量和学术影响。前面提到过，引用量对于教师的学术生涯至关重要。研究表明，科研人员的科学影响力与他们发表的文章数量和被引用次数有显著正相关关系。这可能意味着追随研究热点能够带来更高的引用量和学术影响[1]。因此这就可能会诱发部分学者过分追随热点，以求短期内获得更高声誉，帮助自己达到职业上的一些目标，获得某些利益。然而，盲目跟随热点也会带来一定风险。首先，个人专业背景与热点研究领域可能不匹配，难以做出真正

---

① Mirnezami, S. R.,Beaudry, C., & Larivière, V. (2016). What determines researchers' scientific impact: A case study of Quebec researchers. *Science and Public Policy*, 43: 262–274.

有创新性的贡献。其次，为了迎合热点趋势，短时间内完成的研究设计可能缺乏深入性，或者匆忙收集了数据却发现对结果的解释力不足。总的来说，热点研究领域内竞争激烈，需要在极为有限的时间内完成论文，因为热点会转瞬即逝。这也可能是部分学者选择性报道数据或结果，影响论文公信力的另外一个重要原因。

3. 个体科研工作者往往学科背景单一

当前，若研究者要在本学科取得更高职称和地位，需要长期深耕某一细分知识点，这难免使研究视角变得狭隘。越来越多的研究局限于同一学科中的特定理论或方法，但教育问题本身就存在复杂性和不断变化性。其实，根据这么多年的论文阅读经验，我认为很多具有原创性和前瞻性的研究成果，往往源于不同学科理论和方法的交融与整合，单一学科视角则会限制研究视野。这也部分解释了，为什么论文发表总量虽然逐年攀升，但绝大部分研究给人一种前瞻性和突破性不足的感觉。具体表现如下。

研究设计难以考虑问题的全面性和复杂性，可能忽略其他学科的重要视角和理论，无法给出系统的解释框架；结果解释可能局限在个别学科理论范围内，难以对结果进行深入和广泛的反思，导致解释力和说服力不足；研究成果难以在其他学科得到认同和传播，影响其在跨学科范围内的影响力；研究结果难以为其他学科提供新见解和启发，限制了研究成果的应用价值和创新性。所以，未来想要在高度竞争的环境下成功发表论文，大家仍然要考虑采取跨学科方式，这样一来，研究设计和结果解释才可能更全面深入，研究结果也会更有原创价值和实践意义。

4. 研究方法和数据分析方法更新迭代迅速

在人文社会科学领域，研究方法和数据分析技术的更新迭代速度对论文质量提出了更高的要求。过去，研究者可能依赖于传统的统计工具，如SPSS进行t检验或方差分析，这些方法在当时被认为是标准且可靠的。然而，随着时间的推移，新的数据分析技术和方法不断涌现，如结构方程模型（SEM）、多层次模型（MLM）、混合效应模型（MEM）等，这些新方法提供了更复杂的数据分析能力，能够处理更复杂的研究设计和数据结构。

举例来说，以前的教师效能研究常采用问卷和教师观察记录方法做定性分析。这种传统方法的一个缺点是难以全面和客观地评估教师的教学质量。近年来，随着教室视频记录设备的普及，许多研究开始采集和分析教师的实际教学过程视频数据。例如，有研究者利用录像技术记录课堂实践，强调其在捕捉和研究教育场景内学习过程方面的优势。他们指出，录像设备价格低廉易得，得以促成教研机构建立具备录像与音频设施的课堂，极大地方便了教学中的研究[①]。还有研究者通过计算机视觉算法识别和统计教师在黑板前教学时间的长短，以及与学生的互动频率，这可以更全面和定量地评价教师教学效能。例如，Zheng 和 Wang（2022）描述了一种基于计算机视觉的方法来解析课堂录像，着重检测学生头部位置及转向，以便为课堂评价（如考勤率和吸引力）提供依据，体现出计算机视觉在评估教师教学质量和学生参与程度上的巨大应用潜力[②]。此外，自然语言处理（NLP）技术也开始用于分析教师教学语言和学生回答语言，挖掘教学质量隐含因素。Alhawiti（2014）论述了 NLP 在教育中的应用，强调其在教师写作指导、学生论文检查等方面的益处和优势。NLP 已广泛应用于教学语境，包括教师学生语言分析[③]。Rani 与 Kumar（2017）描述了一套以 NLP 为基础的学生反馈系统，旨在帮助校方教师识别教学中的问题点，提升教学质量；该系

① Chan, M. C. E., & Clarke, D. (2018). Video-based research in a laboratory classroom. Video-based Research in Education.

② Zheng, Z., & Wang, D. (2022). Research on Head Object Detection Algorithm in Classroom Scene. 2022 7th International Conference on Signal and Image Processing (ICSIP).

③ Alhawiti, K. M. (2014). Natural Language Processing and its use in education. International Journal of Advanced Computer Science and Applications.

统通过分析学生意见中的情绪词汇判断教学效果[①]。这些采用计算机视觉和 NLP 技术的新研究方法，相比传统问卷分析，可以提供更丰富和定量的教学质量数据支撑，正在逐渐成为教师效能研究的主流方法。相比之下，仅依靠问卷的传统研究方法显得不够全面和深入。当然，这种快速的迭代带来了多方面的挑战。

（1）知识更新压力：研究者需要不断学习和掌握新的研究方法，以保持其研究的前沿性和创新性。这对于那些在职业生涯中期或后期的研究者来说，可能意味着需要投入额外的时间和精力来适应新的研究范式。

（2）方法论的适应性：新的研究方法往往需要特定的数据类型和研究设计。这意味着研究者在设计研究时需要考虑如何最有效地利用这些新方法，同时确保研究的伦理性和数据的可获得性。

（3）评价标准的提高：随着新方法的应用，学术期刊和评审者对论文的质量要求也在提高。这不仅体现在数据分析的深度和复杂性上，还包括研究设计的整体严谨性和创新性。

（4）技术门槛的提高：新方法往往伴随着更高的技术门槛，这可能导致一些研究者在应用这些方法时遇到困难，从而影响论文的质量和发表机会。

（5）跨学科合作的需求：为了充分利用新的数据分析技术，人文社科研究者可能需要与统计学家、数据科学家等其他领域的专家合作，这要求研究者具备跨学科沟通和协作的能力。

所以，当我们阅读不同年份的同主题的论文时，自然会发现所使用的研究方法的先进性有所差异。尽管有这些挑战存在，但归根结底，从宏观层面和长远来看，它们终究是为人文社科研究带来了新的机会。通过采用

---

① Rani, S., & Kumar, P. (2017). A sentiment analysis system to improve teaching and learning. Computer.

更先进的研究方法，研究者能够更深入地理解复杂的社会现象，提出更有说服力的研究假设，并为政策制定和社会实践提供更有力的支持。因此，人文社科领域的研究者需要积极适应这些变化，不断提升自己的研究能力，以确保自身研究成果的质量和影响力。

5. 个体科研工作者的资源有限

在学科竞争日益激烈的今天，许多研究者深感资源匮乏。具体来说，大多数个体研究者独立承担课题，难以投入精力和时间开展大规模问卷调查或实地实验观察这样的数据收集工作。经费紧张也让他们无法购买昂贵的数据集或使用一些先进的实验设备和分析软件，这限制了获取原创性数据的渠道。与此形成对比的是，那些拥有大型研究团队和充裕资金支持的顶尖学者，他们可以享有更丰富的人力物力资源，从事大规模长期项目，获得大量原始数据。例如，在一些核心期刊上，我们常常会看到样本量动辄成千上万的实证研究论文，而这对于个体研究者（尤其是初出茅庐的研究者）来说是不可想象的。个体研究者往往只能重复分析现有公开数据集，难以在理论和方法上有太多突破。这就直接影响到他们论文的深度和成果的原创性。所以，青年研究者应该经常参加国内外的学术交流，积极参与团队课题，通过合作解决资源数据的匮乏问题，最终发表高质量的研究论文。

6. 审稿人水平参差不齐

期刊论文质量控制的关键在于审稿人的选择和工作质量。我们不难发现，部分期刊在审稿机制方面存在一定问题，从而影响了对论文质量的把控。具体来说，一些期刊之所以选择某些审稿人，可能更重视他们的知名度而非实际审稿能力和贡献。另一些期刊的审稿人选择则过于依赖编辑的个人社交圈，忽略了审稿人本身的学术水平。此外，一小部分审稿人对审稿工作本身缺乏足够的认真态度，可能会随意拒稿或在节假日期间草率处理；而且部分期刊在审稿人培训和考核方面做得不够，难以保证审稿人的能力保持在一定水准或不断提升。这就在一定程度上影响了审稿人给出公正专业评价的能力。

总之，因为审稿人的选择标准和期刊管理机制存在问题，所以很难完全确保他们发挥应有的作用，从而降低了对期刊论文整体质量的把控力度。一方面，国内外期刊应进一步规范和改进审稿流程，提高审稿工作质量，更好地发挥审稿人在论文质量管理中的"守门员"作用；另一方面，研究者之间也应该增加交流，识别审稿人口碑较好的期刊。

7. 伦理要求约束研究设计

人文社科类研究与自然科学类研究不同，它必须顾及受试者的权益，无法像后者那样对变量进行全面控制。比如，一项关于学生学习成绩的研究，研究者很难控制学生在家庭、社交圈子和其他环境中的影响因素。这类不可控变量的介入，使得研究结果受多方面影响，难以准确归因于研究本身。由于无法消除所有不确定因素，研究结论往往存在一定主观性。例如，某教学方法研究得出它可以提升学习效果的结论，但由于未对学生背景特征进行全面控制，该结论可能只适用于部分学生群体。这就增加了论文结论说服力和准确性的难度。研究未能考虑所有影响变量，导致结论可能过于片面或主观。

总之，人文社科类研究的伦理限制，在一定程度上增加了把控论文质量的不确定性，影响了结论的可靠性。未来需加强对变量的控制，提高研究设计的严谨性。

8. 部分科研工作者存在投机心理

不可否认，现实中也存在相当一批科研者并非真心热爱科研，而是把科研和论文发表当作个人谋取眼前利益的工具。而这些教师或学生研究者存在投机心理的根本原因，首先，在于他们过于强调对个人短期成功的追求，而忽视了研究过程的严谨性和伦理要求。他们只注重论文数量，而不重视论文质量。这种过度追求成功的心理，使得他们更倾向于选择一条简单直接的"快速路"，追求速成，而不愿深入研究。其次，在于缺乏对研究工作的热情，他们不太重视系统学习研究方法论，也不愿花时间完善研究设计，只想凭一些简单成果达到发表要求，满足自己的利益需要，并不追求研究成果的深入性和突破性。最后，部分教师研究者自我满足感强，责任心不足，他们更关注目前表面的成绩考核，而没有真正意识到研究工作应该服务于学科发展和社会进步。我国部分教师和学生在学术研究中的"短视"倾向，实际上是个人、考核机制、研究资源不足、社会环境限制以及学科自身发展阶段等多方面因素共同作用造成的。个人缺乏长远研究视野，考核机制过于重视短期输出，研究经费与设备投入不足，社会对基础和长期研究支持不够，部分学科自身发展水平及国际交流合作不足，这些因素相互交织，影响了部分教师、学生研究工作的战略思维。只有深刻认识这一问题的多面性，全面优化各环节条件，培养个人的长远研究意识，重视基础与应用交叉发展，加强国际合作交流，我国教师和学生的学术研究水平才能真正提升，研究工作才能朝着更加系统和可持续的方向发展。

9. 主观因素会干扰研究结果的诠释

不同研究者个人背景对研究结果解释的影响是另外一个需要深入论述的问题。个人背景包括家庭环境、教育经历以及各个方面的因素，会形成研究者自己的一套价值观和看待问题的视角。这就导致他们很难避免从自己的主观视角出发来理解和解释研究问题。但是，研究工作本身应该是一个客观公正的过程，主观因素的影响与此原则存在矛盾。

更重要的是，不同研究者由于个人背景的差异，很可能会给出相互矛盾的解释来理解同一个问题。这时很难通过实证论证哪一种解释更加合理和可靠。主观因素还可能会掩盖问题的其他重要影响因素，从而影响得出的研究结论的全面完整性。如果研究结果的应用和推广也受主观解释的影响，那么必将产生新的问题。

例如，在教育学研究中，一个具体的例子是关于"家庭背景对学生学业成就的影响"的研究。假设两位研究者 A 和 B 分别进行了类似的研究，他们的个人背景和价值观导致了对研究结果的不同诠释。

（1）研究者的不同背景

A 来自一个重视教育和学术成就的家庭，从小就被灌输了教育改变命运的观念；A 的教育经历强调了标准化测试和成绩的重要性；A 的价值观认为，家庭的经济状况和父母的教育水平是决定学生学业成就的关键因素。

B 在一个注重实践和创新教育的环境中长大，家庭鼓励探索和批判性思维；B 的教育经历强调了学习过程和个人兴趣的重要性；B 的价值观认为，学生的内在动机和学校提供的教育资源对学生学业成就的影响更大。

（2）研究结果的诠释差异

在分析数据时，研究者 A 可能会强调家庭经济状况和父母教育水平与学生学业成就之间的正相关性，认为这是学生成功的关键；而研究者 B 可能会发现，尽管家庭背景有影响，但学生的个人兴趣和学校提供的非传统教育资源（如艺术、体育等）对学生的学业成就同样重要。

（3）主观因素对研究结果的影响

A 的研究可能会忽视学生个人特质和学校教育质量的作用，因为这些因素与 A 的价值观和背景不太吻合；B 的研究可能会过度强调非传统教育的价值，而没有充分考虑家庭背景的潜在影响。

（4）研究设计和结论的改进

在研究设计阶段，两位研究者都应该意识到自己的主观倾向，并尝试采用多维度的分析方法，如采用混合方法，结合定量和定性数据进行研究。

在撰写论文时，两位研究者都应该提供多种可能的解释机制，并基于理论依据进行讨论，而不是仅仅依赖于自己的主观解释。

研究者可以通过同行评审和跨学科合作来平衡不同解释的影响，确保研究的全面性和客观性。

在应用研究结果时，研究者应该明确指出研究的局限性，并建议在不同文化和教育背景下进行进一步的研究，以验证结论的普适性。

由上可见，我们需要在研究设计阶段就考虑个人背景可能带来的偏差，采取一定的防范措施。同时，在论文中给出各种可能的解释机制，而不是单一结论，且需要给出理论依据。还需要通过收集多方面证据，比较不同资料来源，来平衡各种解释的影响。重要的是要明确研究的局限性，并邀请同行进行评议，提高结论的公信力。在应用时也要注意不同环境的差异，不应过于轻易地普遍推广研究结论。只有这样，才能最大限度地减轻主观因素对研究结果解释的影响。

10. 期刊字数限制论文详述

以一个教育实验为例，该实验旨在研究不同教学方法对学生学习效果的影响。实验设计了控制变量与实验变量，并对多个小组进行了教学与测试。然而，在字数限制下[①]，很难将实验的详细流程描述清楚，比如每个小组的人数设置、不同教学环节的操作细节、每项测试的具体内容等信息都难以展开阐述。这就可能让读者难以跟进研究的全过程，也难以判断研究是否全面和可靠。

首先，受篇幅所限，论文也难以提供丰富的实证资料，如每组学生的详细测试分数、不同教学阶段学生问卷调查结果等。这将影响读者全面评估研究结果的可信度。其次，重要数据仅以总体统计数值展示，缺乏直观图表支持，也不利于论点的理解。最后，教学实验中难免会遇到一些不可预期的情况，但由于字数限制，相关细节描述将很难展开。这可能会引起读者对研究是否全面的质疑。

---

① 例如，有些期刊要求，即使是实证研究，也要在 4500 字以内。

11. 期刊编辑自身喜好误导判断

期刊编辑是否存在偏见是一个备受争议的话题[①]。在科学出版领域，存在多种类型的偏见。其中，常见的包括发表偏见和编辑性偏见。发表偏见指的是文章的研究结果可能会影响期刊编辑是决定接受或是拒绝该篇文章。这种偏见可能导致更多具有正面结果的文章被接受，而否定性结果的文章可能被忽视。编辑性偏见则是指与作者或其所处环境相关的因素可能会影响编辑的决策。例如，文章来自特定国家或地区、特定学术机构、参与大型合作组织或作者母语为非英语等因素都可能影响论文的接受与否。这些常见的发表偏见和编辑性偏见可能会引发一些潜在问题，如扭曲研究证据、限制对非英语论文的系统评价，以及降低对副作用等不良事件的关注程度等。

以一个心理学期刊为例。该期刊的主编长期研究情绪心理学，对这一领域特别感兴趣。一次，期刊收到一篇研究情绪与大脑结构关系的论文，该研究设计较为全面严谨，但由于主编本人较少关注神经科学，在阅读该论文时难免会具有一定的难度和产生主观倾向。与此同时，期刊收到一篇采用问卷调查方法研究焦虑情绪的论文，尽管这篇论文在方法上存在一定缺陷，但由于与主编研究兴趣较为契合，因此在审核时可能会收到更积极的回复和反馈。

类似情况也可能发生在其他期刊。比如，一名专注教育政策研究的编辑，对教学实践类论文理解不够，难以给出公正评价；反过来，如果收到一篇他感兴趣的教育管理类论文，即使论点设计不够周到，他也可能较难发现问题。这就可能导致一些质量差的论文通过审核，从而影响期刊的整体水平。需要注意的是，并非所有期刊编辑都存在上述描述的各种类型和

[①] Mat í as-Guiu, J., & Garc í a - Ramos, R.（2011）. Editorial bias in scientific publications. *Neurologia*, 26 : 1–5.

程度的偏见。不过，在科学出版领域中，这一问题确实存在。因此，作者在提交文章时应谨慎考虑，并选择合适的期刊投递以获得公平对待。

12. 文化差异

文化差异导致的人文社科类论文缺陷主要表现在两个方面。一方面是不同的文化推崇的写作范式和结构、重点不同，会导致研究质量评价偏差。例如，中文实证类论文常常不太重视文献综述和研究方法，而是更多地将篇幅放在结果、讨论和启示上。那么对于英语国家的研究者来说，这样的论文便不能足够详细地体现出对已有研究的全面回顾（尤其是很多中国学者根本无法完全获取对相关英文论文的访问权限），也没有提供充分的细节描述研究过程，很容易引起对研究者的质疑。另一方面是不同国家和文化背景下的研究伦理要求不同。例如，尽管西方实证研究要求无论是教师还是学生都需要自愿参加到完全知情的研究中（除非所收集的数据信息本身就是课程的一部分），但实际情况是，很多时候发放给教师或学生的问卷和访谈并不一定完全出于真实的自愿，而是形式上的自愿，甚至一些学校机构根本没有 IRB[①]。这在大部分英、美等国的研究伦理中是禁忌。IRB 是指"Institutional Review Board"，即机构审查委员会。IRB 是一个由独立专家组成的机构，负责审查和监督人类参与研究项目的伦理问题。其主要任务是确保研究项目符合伦理标准和法律规定，保护研究对象的权益和福祉。

13. 人工或机器审核出现漏洞

随着学术交流越来越频繁，论文提交量不断增加，但出版周期相对缩短，这给单独依靠人工审阅的工作方式带来很大挑战。同时，即使是投稿到同一个期刊的同一门学科的论文也往往涉及多个细分领域，甚至

[①] Abbott, L., & Grady, C. (2011). A systematic review of the empirical literature evaluating IRBs: What we know and what we still need to learn. *Journal of Empirical Research on Human Research Ethics* , 6 (1): 3–19.

跨学科，所以一个编辑难以全面识别和判断所有问题，需要一个较大的团队和智能的设备共同参与审核，以保证论文在学术水平和规范性等多个方面都达到标准。

然而，无论是人工审核还是机器审核，都难免出现漏洞和失误。人工审核效率低下，难以抵御审阅疲劳；机器审核技术目前尚不完善，难以识别所有上下文和细微错误，或准确地对小众知识点做出判断。同时，审核过程中也可能由于视力下降等客观因素，或者判断失误等主观因素导致审核过程遗漏部分问题。如果这些审核中的差错不能被及时发现并纠正，就可能会反映在论文的质量评估结果上。例如，格式错误如重复的拼写或引用格式不一致，可能会让读者对论文严谨程度产生疑问。内容错误如理论概念混淆，可能会影响论点的可靠性。这些看似细小的问题一旦累积，就会对论文的可信度和整体质量产生不利影响。

14. 研究者素养参差不齐

论文质量受到很多因素的影响，而作者自身学术素养就是其中重要的内部原因。无论作者的学历层次如何，他们在科研工作中都有很强的发表需求。这是因为发表论文对于评价学者水平和职业发展，以及学术交流都具有重要意义。然而，不同学历层次的作者在学术素养和能力上存在差异，这也会直接影响他们论文的质量。整体来看，那些来自世界一流高校博士项目的学者，由于受到的教育更优质，他们的研究方法论水平和论文质量会相对更高。而一些仅持有普通高校硕士学位的作者，可能在研究设计、论据论证和表达能力等方面存在一定不足，从而在论文质量上更可能出现问题。

这就使得同一主题下，不同作者之间论文质量可能会有差异。高研究素养作者的论文整体水平较高，而低研究素养作者的论文可能存在一定瑕疵。因此，个体研究者能做的就是不断提升自身的学术素养和研究能力。例如，可以定期参加学术会议、讲座和研讨会，及时了解最新的研究进展和学术动态，不断更新自己的知识和改变思维。最重要的是，保持对学术研究的热情和耐心，持之以恒地进行深入探索和思考，不断提高自己的学术造诣和研究水平，为高质量论文的撰写和发表奠定坚实的基础。

15. 审稿缺少牵连负责制

当前学术期刊审稿人和编辑缺乏明确的责任追究机制，主要原因如下：首先，大多数学术期刊具有非营利性质，其目标是促进学术交流而非追求经济回报。在此背景下，期刊建立责任机制的动机不强、意愿不高，相关规定也相对不完善。其次，审稿工作主要依靠学术界人士的志愿参与。如果过多强调责任元素，可能会让部分审稿人感到工作负担过重，从而影响他们参与的积极性。

此外，论文质量问题往往源于作者本身的研究能力以及研究设计中的主观因素，这也增加了直接追究审稿人责任的难度。而这种缺乏明确责任定义的审稿机制，将直接影响论文的最终质量。比如，部分审稿人在审核过程中可能会因个人因素而采取较为敷衍的态度，忽略一些明显的研究问题。同时，如果论文发表后出现严重错误但审稿人本身不承担任何后果，他们也就缺乏必要的谨慎态度。这无疑会降低论文的整体质量，使得低质量论文更难被有效筛除，最终可能导致论文质量水平整体下降。

总结

人文社科类论文存在的缺憾受多方面因素的综合影响，涉及研究者自身、期刊、文化差异、审稿制度缺陷等多个方面。这些因素交织在一起，共同影响着论文的质量和可信度。作为读者的我们，应该审慎对待人文社科类论文：在阅读文献时，不能仅仅看它们的结果和结论，还要注意其研究方法、数据支持以及论文作者的学术背景等。此外，我们也可以通过多方渠道获取信息，比较不同文献的观点和论证，形成自己的判断。在评价论文时，要客观公正，不受个人偏见和情绪影响，以确保获取可靠和权威的研究成果。

　　长远来看，要提升人文社科类论文的整体质量，首先，需要各方利益相关者采取一系列综合性的措施。例如，不受纸质印刷成本影响的电子期刊可以适当放宽期刊字数限制，使得研究能够更充分地呈现，读者也能更全面地理解研究过程和结果。其次，加强审稿人和编辑的系统化、学科化评价标准培训，提高他们的专业水平和客观性，减少主观因素对论文评价的影响。再次，促进跨文化交流，增进不同文化背景下的理解和尊重，避免文化差异给研究带来的偏见和误解。从次，建立审稿责任制和相应激励措施，既明确审稿人在评审过程中的责任和义务，提高论文评审的严谨性和公正性，也要给他们提供成比例的回报和福利保证。最后，提升作者自身的研究素养，开设相应公开课，加强对学术道德和研究伦理的培养，以确保论文的诚信和可信度，建立我国学者在国际上的良好学术声誉和积极形象。

　　通过这些综合性措施的实施，可以有效地弥补论文存在的缺憾，提升人文社科领域的学术水平和研究质量。也只有在各方共同努力下，才能真正推动人文社科类论文质量的持续提升，促进学术研究的健康发展和增进学术的交流。

目　录
CONTENTS

1 如何评价论文的标题

标题（Title）是读者与论文首次接触的第一道门。具体来说，标题是论文的"名片"，直接影响论文在学术搜索引擎和数据库中的可见度。首先，一个精心设计的标题能够帮助研究者更有效地进行关键词搜索，从而提高论文的曝光率和引用频次。其次，标题是传递论文价值和重要性的媒介。一个具有启发性的标题能够引导读者思考，并可能激发新的研究想法或问题。最后，对于那些与论文研究领域并不完全相符的潜在读者来说，一个有力的标题可能是吸引他们阅读的主要因素。

因此，科研者需要重视标题的撰写。在撰写过程中，应该考虑到标题的多重作用，既要确保其科学性和专业性，又要保持足够的吸引力和可读性。通过有效的标题，研究者可以确保他们的论文在学术领域中得到更广泛的认可并产生深远的影响。

1.1 是否够具体？

一个好的标题应该具体明确，避免模糊不清。它应该简洁地传达出研究的核心内容和关键概念，否则，期刊编辑可能会因为标题模糊不清而直接拒稿，因为他们需要在有限的时间内筛选出最相关和高质量的论文。一个不清晰的标题可能会使编辑难以确定论文的主题和贡献，从而影响他们的审核决定，也可能会将论文发送给不合适或不匹配的审稿人。这可能会导致审稿人对论文的评价不准确或不公正，影响论文最终的接受度。而对于读者来说，模糊不清的标题可能会使他们对论文内容产生误解或期待过高，导致对论文的理解偏差或失望；读者可能会花费时间和精力阅读与其预期不符的论文，降低其对期刊的信任度和对相关研究领域的兴趣。案例见表 1.1。

表 1.1　标题的具体性案例对比

标题	一	二
案例	小学生数学学习动机研究	（1）不同家庭条件下城乡地区小学生数学学习动机的差异 （2）任务导向教学法在低年级学生数学学习动机培养中的应用效果研究
点评	这个标题表达的主题是小学生数学学习动机，但具体性不够，没有明确研究方法和视角等	与案例一相比，两个标题都明确指出了研究的视角，一个着眼于家庭条件差异，一个关注特定教学法的应用，读者和评审人能较为明确地了解论文的研究问题与贡献所在

1.2 是否体现研究属性？

标题应尽量明确表明研究的属性类型，如是思辨研究、实证研究还是系统文献综述。通过表明研究类型，读者可以预期论文可能包括哪些内容，以及可能使用的研究方法。这有助于读者更好地准备和理解论文。案例见表 1.2。

表 1.2 标题是否体现研究属性案例对比

标题	一	二
案例	小学生英语词汇学习策略研究	（1）小学生英语词汇学习策略的思辨分析 （2）多媒体辅助小学生英语词汇学习效果的实证研究 （3）小学英语词汇学习理论与实践的文献回顾
点评	无法判断研究属性，是文献综述还是实证研究，抑或一篇教师的随笔	与案例一相比，三个标题都明确使用了"思辨分析"、"实证研究"和"文献回顾"等词语，表明了研究的类型，读者可以根据研究类型理解论文可能采用的研究方法和论点表达方式，更好地进行阅读和评价

1.3 是否可以快速揭示研究内容？

标题应直接指出研究的主要内容，如是探讨因果关系、描述当前状况，还是分析模式机制。直接揭示研究内容的标题可以减少读者对论文内容的误解和混淆。如果标题不清晰或模糊不清，读者可能会对论文的研究目的和内容产生疑问，导致理解上的困惑和误解。案例见表 1.3。

表 1.3　标题是否体现研究内容案例对比

标题	一	二
案例	A Descriptive Study of Educational Inequality	The Mechanism of Peer Influence on Adolescent Behavior: A Systematic Analysis
点评	这个标题表明研究的内容是对教育不平等的描述性研究。它暗示了论文将提供一个关于教育不平等问题的概览或描述，但没有明确指出研究是否涉及现状问题、因果关系或特定干预措施	这个标题直接揭示了研究内容，即对同龄人影响青少年行为机制的系统性分析。它明确了研究的类型（系统性分析）和研究焦点（同龄人影响），使读者能够理解研究的深度和方向

1.4 研究方法是否明确？

　　在学术研究领域中，不同类型的研究方法有不同的应用场景和价值。好的标题应使读者能迅速判断使用的研究方法，例如是案例研究、调查研究还是实验设计等。通过在标题中指明研究方法，读者可以更容易地定位到特定类型的研究，以满足自己的信息需求和研究兴趣。例如，如果读者对实验设计感兴趣，他们可以直接选择阅读标题中提到实验设计的论文，而不必费时去查找其他信息。这样可以提高读者的阅读效率和信息获取速度。案例见表 1.4，

表 1.4　研究方法是否明确案例对比

标题	一	二
案例	教育资源分配的比较研究	案例研究：城市与乡村学校教育资源分配的比较分析
点评	标题二更符合标准，因为它明确指出了研究方法（案例研究），而标题一没有提供研究方法的信息	

1.5 副标题是否发挥了积极作用?

副标题应与主标题互补,可以强调主标题中所包含的主题或重点内容。通过在副标题中突出论文的关键点,读者可以更清晰地了解论文的核心内容和研究重点。首先,副标题可以提供更具体的信息,例如研究对象、地区、时间范围等,以补充主标题的概括性描述。这有助于读者更准确地了解论文的研究范围和内容。有时候,副标题可以增强主标题的吸引力,使读者对论文产生更大的兴趣。通过在副标题中提供引人注目的信息或关键词,可以吸引更多读者阅读论文。最后,副标题可以提供论文的背景信息或上下文,帮助读者更好地理解论文的意义和重要性。案例见表1.5。

表 1.5　副标题的积极作用案例对比

标题	一	二
案例	中学生英语词汇学习策略研究:词汇学习困难吗?	(1)小学生英语词汇学习策略研究——以北京市10所小学为例 (2)影响小学生英语词汇学习策略选择的因素分析——基于问卷数据的实证研究
点评	这个标题的副标题没有提供额外信息帮助读者理解论文,反而让篇名更加模糊,且没有明确的研究属性或方法等	与案例一相比,两个标题都在主标题基础上使用了副标题提供更多信息: (1)明确了研究对象范围;(2)突出了研究方法。这有助于读者快速了解论文研究范围和重点,更好地进行阅读

1.6 研究对象或主体的识别是否容易?

标题应清楚地指出研究的对象或主体,如教师、学生、校长等。研究对象或主体通常反映了论文的研究范围和内容。通过在标题中指出研究对象,读者可以更容易地确定论文是否与他们的研究领域或兴趣相关。此外，对于那些与论文研究对象相关的读者来说，标题中明确指出研究对象或主体可能会增强他们对论文的兴趣。例如，如果一个教师看到标题中提到了教师，则可能会更愿意阅读这篇论文，因为与他的职业相关。案例见表 1.6 和表 1.7。

表 1.6　研究主体是否易识别案例对比

标题	一	二
案例	幼儿园培训模式研究	（1）幼儿园教师在职培训模式对教学效能影响研究 （2）我国地区幼儿园教师预聘前培训模式比较研究
点评	没有指出研究主体是谁	比案例一更明确地指出了研究主体是教师

表 1.7　研究对象是否容易识别英文标题案例

标题	一	二
案例	How Motivation Works in High School Settings	Exploring Student Motivation in High School Mathematics Classes: A Qualitative Study
点评	研究对象范围较广，涵盖高中各个领域的动机机制；未明确研究内容和方法，停留在问题提出层面	研究对象和内容表达的更清晰明确；揭示使用质性研究方法，信息量更丰富；能更好地帮助读者定位和预期论文重点；更有利于吸引数学教师和研究人员群体的关注

1.7 是否足够清晰简洁？

一个有效的标题应避免不必要的重复和赘词，保持清晰简洁。清晰简洁的标题能够准确而迅速地传达论文的主题，让读者一目了然地知道论文的内容。这样的标题更容易引起读者的兴趣，促使他们进一步阅读论文。

此外，避免不必要的重复和赘词可以让标题更加简洁、节省篇幅。在期刊或会议论文中，篇幅通常受到限制，因此清晰简洁的标题能更有效地利用有限的篇幅，同时确保传达足够的信息。

表 1.8　标题清晰简洁性案例对比

标题	一	二
案例	探讨我国特殊教育学生学习障碍识别与干预的一些研究进展与思考	特殊儿童学习障碍的识别与干预研究
点评	语言表达不够简练直接；内容传达上缺乏明确性；信息量控制上过于复杂	这个标题明确表达了研究对象是特殊儿童，研究内容是对他们学习障碍的识别和干预，信息表达清晰；没有使用不必要的重复词语，直接使用"识别"和"干预"两个词概括研究内容，表达简洁；标题没有使用过多的修饰词或者其他赘词，语言结构简练，符合简洁原则；读者只需一眼就可以明白研究主题，定位研究对象和研究内容，信息传达效果好

1.8 理论视角或理论基础是否明确？

论文的理论视角或理论基础通常是研究的重要特色之一[①]，也是作者在研究的主要思考方向。一个明确反映理论视角或理论基础的标题可以突显论文的研究特色，让读者更容易注意到该研究在学术领域中的独特贡献；同时，清晰地反映论文的理论视角或理论基础，可以帮助其他研究者更好地了解该研究的定位和意义，从而为相关研究提供指导和启示；而且，一个具有明确理论视角或理论基础的标题通常会给人以学术严谨和深度的印象，有助于提高论文的学术认可度和可信度。这对于论文的引用和影响力也是有益的。案例见表 1.9。

---

① 区分理论视角、理论基础和理论框架，请参见本书 5.1。

表 1.9　理论视角明确性案例对比

标题	一	二
案例	小学课堂文化研究	批判理论视角下的课堂文化分析
点评	标题二更符合标准，因为它明确指出了理论视角（批判理论），而标题一没有构建理论基础	

1.9 是否避免了歧义和生词？

标题中应避免使用可能引起歧义的词汇和对大多数读者来说陌生的专业术语。这有助于确保标题对广泛的受众都是可访问和理解的。使用晦涩的术语或含混不清的表达可能会使标题难以被理解，从而影响读者对论文内容的理解和吸引力。因此，确保标题简单明了、不含歧义和专业术语对于吸引广泛受众具有重要意义。例如，论文的主题涉及特定领域的专业术语，可以尽量使用通用的术语或解释性的词汇来替代，以确保读者能够理解标题的含义。同时，避免使用模糊不清的词语或短语，选择直接明了的表达方式，有助于读者快速理解标题所传达的信息。案例见表 1.10。

表 1.10　标题是否避免歧义案例对比

标题	一	二
案例	IDA 视角下社交媒体对心理健康的影响研究	社交媒体对心理健康的影响机制——一项扎根理论研究
点评	案例一不但使用了不常见的缩略词，还容易引起误解，例如影响研究到底指的是"社交媒体对心理健康产生的影响结果"还是"社交媒体如何影响心理健康的机制和原理"；相反，案例二没有使用缩略词，也明确了研究内容是影响机制，而非影响结果	

创意标题的写法介绍

在学术研究论文中，创意性的标题或篇名能够吸引读者的注意力，同时准确地反映论文的主题和内容。它们不一定完全遵守前面提及的所有标准，但创意标题常常有极大的情绪价值，让读者看到这个标题就感同身受、心领神会，甚至惊呼赞叹。我个人印象非常深刻的是读博时遇到的一篇论文。这篇论文标题的前半句是"Going to the MALL"，让我一下子觉得这篇论文的作者一定是一个非常有趣的人，因为这句话本身和"去逛商场"是一个意思，但是因为 mall 是大写，所以意思和商场完全不同，而是"移动技术辅助下的词汇学习"的理念。这个例子告诉我们，创意性的标题不仅仅是为了吸引读者的眼球，更重要的是能够准确地反映论文的内容，并在读者心中留下深刻的印象。一个好的创意标题不仅能够引发读者的兴趣，还应该能够激发读者对论文内容的探索和思考。因此，无论是在学术界还是在其他领域，创意性的标题都具有非常重要的意义，它们可以让论文脱颖而出。

一般来说，创意性标题可以通过借用受访者原话、使用提问句或展示研究结论等方式编写，以吸引读者的注意。具体解释与示例如下。

借用受访者原话：标题可以直接引用受访者或研究对象的原话，以突出研究的独特性或引人入胜的内容。这样的标题通常会让读者产生共鸣，增加对论文的兴趣和好奇心。

例：《"改变了我的生活"：学生如何看待在线学习体验》。

使用提问句：通过提出引人深思的问题作为标题，可以引发读者的好奇心和思考，激发读者对论文内容的兴趣，并吸引他们进一步阅读。

例：《在线学习是否真的改变了教育格局？》。

展示研究结论：将论文的核心结论或发现直接呈现在标题中，让读者一目了然地知道论文的主要内容和重要发现。

例：《数字化阅读对学生阅读理解能力的积极影响：一项元分析研究》。

运用幽默或反讽：使用幽默或反讽的手法，给标题增添了趣味性和吸引力，从而吸引读者的注意。

例：《教育政策制定者的"猜猜我是谁"游戏：谁才是真正的受益者？》。

采用生动的比喻或隐喻：使用生动的比喻或隐喻来揭示论文研究的主题或观点，增加了标题的趣味性和形象感。

例：《教育中的"种子"：理解学生自主学习的关键因素》。

篇名／标题实例解析

　　小王博士，一位新晋的高校教师，带着对教育研究的热情和对学术生涯的憧憬，加入了一所享有盛誉的大学。她迅速融入了学术环境，积极参与各种学术活动，与同事们建立了良好的工作关系。然而，随着时间的推移，她开始注意到一些令人不安的现象。

　　在准备申请职称晋升的过程中，小王博士发现自己在某些关键信息上显得有些力不从心。她努力工作，发表了几篇论文，参与了多个项目，但总感觉自己在某些方面落后于同事。她注意到，尽管她经常向资深同事请教，但他们似乎总是有意无意地回避一些关于职称评审标准和科研业绩提升的敏感话题。小王博士开始怀疑，这些同事是否在有意隐瞒一些对她职业发展至关重要的信息。

　　有一次，小王博士无意中听到两位资深教授在讨论一篇即将发表的论文，这是一篇即将在某个高影响力的期刊上发表的文章，这个期刊对于职称评审有着极大的加分作用。然而，当小王博士向他们询问时，他们却含糊其词，没有提供具体的信息。这件事让小王博士意识到，她可能错过了一个提升自己科研业绩的宝贵机会。

　　有一次小王参加了一个学术会议，席间第一次了解到"知识隐藏"这个概念。她突然意识到，也许自己正在经历的就是知识被隐藏的体验。于是，小王博士对"知识隐藏"这一概念产生了浓厚的兴趣。她开始思考，这种现象在学术界是否普遍存在，以及它如何影响年轻学者的职业发展。她决心深入研究这一现象，希望能够揭示"知识隐藏"背后的动机和影响，以及如何通过营造更加开放和透明的学术交流环境，促进学术界的健康发展。小王博士的这一决心，不仅源于她个人的经历，更是出于对学术公平和知识共享的深刻理解。

　　通过在知网和 Web of Science 分别检索，她发现了以下几个关键信息：

（1）该概念的提出者是一位加拿大学者；

（2）该概念提出的主要动机是改善企业管理；

（3）目前在学术领域的研究较少，针对年轻教师被动经历的知识隐藏更是几乎没有。

于是，她确认了自己想要继续钻研该话题的想法，并满怀热情地起了五个题目作为后续研究的备选。以下是五个题目，请亲爱的读者帮她判断一下这些题目是否符合我们前面所讲的评判标准，为什么？如果让你取题目，你会怎么取呢？

（1）大学教师的知识隐藏经历与感受——一项个案研究。

（2）高校中的知识隐藏现状研究。

（3）中国高校教师的知识隐藏影响因素研究。

（4）中国高校教师的知识隐藏——认知、态度与对策研究。

（5）中国高校教师的知识隐藏防范机制研究。

【参考答案见 P.230】

＊注：本案例纯属虚构，如有雷同，纯属巧合。

评价标题的标准见表 1.11。

表 1.11 评价标题的标准

评价标准	是	不确定	否
1. 标题够具体吗？			
2. 标题中体现研究属性吗？			
3. 标题可以快速揭示研究内容吗？			
4. 研究方法明确吗？			
5. 副标题是否发挥了积极作用？			
6. 研究对象或主体的识别容易吗？			
7. 标题足够清晰简洁吗？			
8. 理论视角或理论基础明确吗？			
9. 是否避免了歧义和生词？			

2 如何评价论文的摘要

摘要（Abstract）是论文的重要组成部分，它简要概括了论文的主要内容和发现。作为期刊论文的第一部分，摘要可以帮助读者快速了解论文讨论的主题和获得论文的主要结论。一个好的摘要应该包含以下关键因素：

（1）研究目的：简要说明论文试图解决的问题或回答的研究问题；

（2）研究方法：概述论文采用的研究设计和方法，比如采用实验、调查或案例研究等；

（3）主要发现：概括论文获得的主要结果和结论；

（4）贡献：阐述论文对知识体系或实践的主要贡献。

摘要应该以浓缩而通俗的语言写成，清晰概括论文的框架而不提供细节。它的长度通常控制在 150～250 个词语。作为论文的第一模块，摘要可以帮助读者快速评估论文是否符合自己的研究兴趣。同时，它也为读者提供一个总体框架，帮助他们阅读和理解论文的全文内容。

2.1 是否清晰概括了研究目的？

这条标准意味着摘要应该清楚地表明作者研究的动机和目标，以及他们希望通过研究达到的预期结果。这样的概括应该能够让读者在阅读摘要后理解研究的整体目的，而无须深入阅读全文。摘要还应该明确说明论文试图解决或回答的问题。这可能是对特定研究领域的重要问题的探索，对已有理论或观点的验证，或者对某个现象的解释。案例见表2.1。

表 2.1　研究目的明确性案例对比

案例一	本研究旨在探讨高中生社交媒体使用时间与学业成绩之间的关系。研究对象为一所高中的 300 名高一和高二学生。我们采用问卷调查的方法收集学生每日社交媒体使用时长及上学期期末考试成绩。统计分析结果显示，社交媒体每日使用 2 小时以上的学生，其学业成绩平均较低。本研究结果提示，适度使用社交媒体对学业无负面影响，过多使用可能会分散学生学习精力，从而影响学习成绩
案例二	本研究对一所高中的 300 名高一和高二学生进行调查，收集他们每日社交媒体使用时长和上学期期末考试成绩。结果显示，社交媒体使用时间较长的学生，其学业成绩普遍偏低。进一步分析发现，2 小时以上社交媒体使用群体平均成绩与 2 小时以下群体差异显著。这表明过多使用社交媒体可能会分散学生学习精力。本研究为教育工作者提供了参考，帮助他们了解社交媒体对学生学习的影响
点评	第一个摘要首先给出了研究目的，可以更好帮助读者快速掌握论文的研究动机和意义

2.2 是否概括了研究设计和方法？

如果摘要概括了研究设计和方法，读者就能够获得关于研究过程的基本了解，从而更好地理解研究的内容和结果。一个好的摘要应该包括关于研究设计的简要描述，比如研究采用的是实验设计还是调查方法，以及研究的样本规模和选择方法等。此外，摘要还应该提及研究中使用的主要方法或技术，以及这些方法如何被应用于研究中。

举例来说，如果一篇研究采用了实验设计，摘要可能会简要描述实验的设计和实施过程，包括参与者是如何被分配到不同的条件中的。如果是调查研究，摘要可能会提及调查问卷的设计和调查对象的选择方法。

此外，研究方法部分还应该汇报具体的样本量、抽样方法，以及研究对象的职业、年级、专业等。在篇幅允许的情况下，具体的数据分析方法也可以提及，例如是方差分析，还是主题分析。案例见表 2.2。

表 2.2　研究设计和方法的明确性案例对比

案例一	本研究采用了假性实验设计（quasi-experimental design），选择了两所小学，其中一所采用 VR 辅助授课，另一所继续采用传统授课方法。两组学生均接受人体结构知识的教学，实验组额外利用 VR 人体 3D 模型进行观察与探索。实验前后两组学生都进行了知识测试。结果显示，实验组学生的知识掌握程度和兴趣度均有显著提高
案例二	本研究旨在评估应用 VR 技术在小学科学教学中的效果。我们选择两所小学，对比传统授课与 VR 辅助授课两种模式下学生的学习效果。结果表明 VR 可以提升学生学习兴趣和效率，为科学教学带来积极影响
点评	相较于摘要二，摘要一详细说明了研究设计，以及所包含的具体流程、环节和方法。 　　尽管如此，两个摘要都没有明确说明样本量、抽样方法，以及研究对象的年级。例如，如果一所学校使用了 3 个高年级的班、150 人，另一所学校 1 个低年级的班、30 人，这种对比是否有价值和效度呢？

2.3 是否总结了主要结果和结论？

首先，摘要应该清楚地总结出研究的主要结果和结论，包括任何重要的发现、数据分析结果或者模型验证。这些总结应该简单明了，让读者能够快速了解研究的核心内容和发现。

其次，这些结果和结论应该与在论文介绍部分提出的研究问题相一致。

也就是说，摘要中呈现的研究结果应该与研究问题所关注的主题相关，并且支持或者回答了这些问题（最好顺序也一一对应）。这样做可以确保摘要的内容与研究的目的和意图一致，使读者能够在摘要中获得对论文主要内容的准确理解。案例见表 2.3。

表 2.3　结果呈现的案例对比

案例一	本研究采用随机对照实验设计，选择两所小学，其中一所采用以游戏为主的英语教学模式，另一所继续采用传统的听说读写教学模式。两个月后，两组学生进行英语水平测试。结果显示，采用游戏模式教学的实验组学生英语水平显著高于对照组，词汇掌握能力和阅读理解能力均有提升，表明以游戏为主的英语课堂模式可以更有效提升小学生的英语水平
案例二	本研究采取随机对照实验，研究小学英语课堂两种教学模式对学生水平的影响。一组采用游戏教学，一组采用传统教学。经过两个月教学后，两组学生进行水平测试，发现结果存在一定差异。本研究旨在寻找更高效的英语教学方式
点评	摘要一详细说明了研究的结果，并给出了结论，而摘要二仅仅提及却没有清晰表述

2.4 是否阐述了论文的学术贡献？

在摘要中阐述论文的学术贡献意味着明确指出该研究对学术领域的重要性或创新性。这可以是对已有研究的弥补，也可以是对现有知识体系的扩展、修正或挑战。同时，摘要还应说明研究对实践的意义，即该研究是否为实际问题的解决提供新的思路或方法。案例见表 2.4。

表 2.4 学术贡献描述的案例对比

案例一	本研究采用随机对照实验，选择两所小学，一所采用"翻转教学"模式，即学生先自学教学视频，老师上课进行引导式问答和实践活动；另一所继续采用传统讲课方式。两组学生数学成绩和学习满意度进行比较。结果显示，"翻转教学"模式显著提升了学生主动学习能力和学习效果，为小学数学教学提供了一种新的有效方式
案例二	本研究采用随机对照实验设计，研究小学数学课堂"翻转教学"模式对学生学习效果的影响。一组采用"翻转教学"，一组采用传统教学。经过学期教学后两组学生进行成绩测试和满意度问卷调查。结果与教学模式进行比较，旨在寻找更高效的数学教学方法
点评	摘要一在介绍完研究结果之后简要补充了该研究的意义和价值；摘要二则重新提及了研究目的和期望，并没有明确表述其意义和贡献。

2.5 理论视角是否在摘要中有所体现？

如果理论视角对于一篇论文的诠释并不是其新颖之处，也没有在篇名中体现，则没有必要体现在摘要中。相反，则应该在摘要中明确表述。理论视角可以是研究的理论框架或基础，对研究问题的诠释和分析起着关键作用。通过在摘要中体现理论视角，读者可以更好地理解论文的理论支撑，从而对研究方法和结果有更准确的预测。案例见表 2.5。

表 2.5 体现理论视角的案例对比

案例一	本研究基于社会文化理论视角，研究城市和农村地区中学生价值观形成的差异。社会文化理论认为，个体在特定社会和文化环境中的成长与学习会影响其价值观的形成。本研究通过问卷调查两地区 1000 名中学生的家庭背景、学习环境和价值观倾向，结果显示城市中学生价值观更倾向于个人发展和独立思考，农村中学生更注重家庭和集体。该研究验证了社会文化理论在解释区域差异中的重要性
案例二	本研究通过问卷调查城市和农村地区 1000 名中学生的家庭和学习情况以及其价值观倾向，比较两地区学生在家庭观、学习态度和发展观等多个维度上的差异。研究结果显示城市和农村学生在某些价值观上存在差异。该研究旨在了解区域背景对学生成长的影响
点评	第一个摘要明确介绍了采用社会文化理论视角，并阐述了该理论在解释研究问题中的意义；第二个摘要忽略了研究的理论基础，没有体现理论视角在研究中的指导意义

2.6 是否在描述研究目的之前介绍了研究背景和问题提出的原因？

研究背景的介绍可以帮助读者更准确地理解研究问题的提出，以及研究目的的确定。这对于读者理解研究的整体脉络和逻辑结构非常重要，有助于他们更深入地理解论文的内容和意义。因此，在摘要中介绍研究背景和问题提出的原因，是确保读者对论文内容有一个清晰全面理解的重要步骤。

从写作角度来看，先介绍研究的背景和动机有助于建立读者与研究主题之间的联系，从而更容易引起读者的共鸣。首先，这种写作方式可以让读者了解研究领域的现状和存在的问题，让他们在情感上与这些问题产生共鸣。其次，通过阐述研究的动机和目的，向读者传达研究的意义和价值，让他们意识到解决这些问题的重要性。具体来说，先介绍背景和动机可以帮助读者建立对研究主题的认知框架。通过描述研究领域的现状和存在的问题，读者可以感受到这些问题的紧迫性和重要性，从而产生对研究主题的兴趣。在此基础上，再介绍研究的动机和目的，可以让读者更加深入地理解研究的意义和价值，进而引起他们的共鸣和关注。

此外，先介绍研究背景和动机还可以帮助平衡论文的逻辑结构。通过先介绍背景和动机，可以在论文开始阶段就建立起研究的话题和主题，为后续的内容提供一个清晰的引导。这样一来，读者在阅读论文的过程中能够更好地理解研究的脉络和逻辑，提高阅读的连贯性和流畅度。案例见表2.6。

表 2.6　研究背景和问题的提出案例对比

案例一	随着工业化和城市化进程的不断加快，人们的生活方式和娱乐方式也发生重大调整。相对封闭和重视体力训练的传统体育课程模式难以满足学生提升实践能力和培养兴趣爱好的需求，也难以适应工作岗位对劳动力质量和素质的新要求。这给体育教学质量和效果带来一定困难，也引发外界对体育课教学模式和功能定位的质疑。针对这一社会背景，结构功能主义理论指出教育体系应强调满足社会各类功能需求。本研究以此理论视角为切入点，旨在通过对我国近年来中小学体育课改革举措的梳理和分析，阐明其必要性以及在满足社会培养适应型人才、提升公民素质和弘扬体育文化等多方面的功能需求的贡献。研究结果有助于进一步评估体育课改革的成效，为未来工作提供参考依据
案例二	本研究的目的是从结构功能主义理论视角，解析我国中小学体育课改革对满足社会各类功能的贡献。通过文献研究和案例分析等方法，阐明体育课改革在培养学生体质与健康、提升社会适应能力等多个层面上的作用。研究结果有助于评价体育课改革的成效及优化未来工作
点评	摘要一详细地描述了该论文的研究背景、产生的问题和解决的必要性

2.7 是否识别了3～6个相关、学术且按重要性排序的关键词？

撰写学术期刊论文摘要中的关键词能够更准确地反映论文的主题和内容，提高论文的可检索性和引用率，有助于增加论文的曝光度和影响力。因此，在选择关键词时，研究者应该慎重考虑关键词的相关性、专业性、多样性等，以确保摘要的质量和有效性。

（1）相关性：关键词应该与论文内容密切相关，能够准确反映论文的主题和内容。关键词的选择应该围绕论文的核心研究问题、主要观点和研究方法展开。

（2）专业性：关键词应该具有一定的学术性和专业性，能够准确描述论文所涉及的学科领域和研究内容。避免使用过于普通或模糊的词语，应选择具体、专业的术语。

（3）多样性：关键词应该涵盖论文涉及的各个方面和要点，反映论文的多样性和综合性。可以从研究对象、研究方法、研究结果等多个角度选择关键词，以全面展现论文的内容。

（4）关键词数量：一般来说，学术期刊要求摘要中包含3～6个关键词，数量适中，能够覆盖论文的主要内容和要点。关键词数量过多或过少都会影响关键词的准确性和有效性。

（5）标准化：在选择关键词时，可以参考学科领域的标准化关键词表或索引术语，保持关键词的规范性和一致性。这有助于提高论文的检索和引用效果。

（6）重要性排序：将最重要、最核心的关键词放在前面。这些关键词应该能够最准确地概括论文的主题和内容，是读者最容易联想到的词语。通过将重要关键词放在前面，可以提高读者对论文主题的理解和认识。

摘要案例分析

本研究旨在探究中国高校教师的知识隐藏现象，重点关注其认知、态度以及可能的应对对策。通过文献综述和实证研究方法，收集和分析相关数据，以期深入了解高校教师知识隐藏的原因和特征，并提出有效的应对策略。

首先，本研究从认知角度分析了高校教师知识隐藏的认知机制。通过调查和访谈，发现了一些高校教师普遍存在的认知偏差和认知阻碍，如对知识共享的认知偏好不足、对知识保护的认知误区等。

其次，本研究探究了高校教师知识隐藏的态度特征。通过问卷调查和深度访谈，揭示了高校教师在知识分享、合作研究等方面的态度倾向，发现了一些教师对知识分享的不情愿和对合作研究的抵触情绪。

最后，本研究提出了应对高校教师知识隐藏的对策建议。针对认知层面的问题，建议通过加强师资培训、提升教师知识共享意识等方式改善教师的认知机制；对于态度层面的问题，建议加强教师团队建设、营造良好的知识分享氛围等措施以改善教师的态度倾向。

综上所述，本研究通过对中国高校教师知识隐藏现象的深入研究，揭示了其认知和态度特征，并提出了一系列有效的对策建议，为改善高校教师知识分享和合作研究的氛围提供了理论和实践指导。

【参考答案见 P. 230 页】

关键词：高校教师；知识隐藏；现状；对策；混合研究

评价摘要的标准见表 2.7。

表 2.7　评价摘要的标准

评价标准	是	不确定	否
1. 摘要是否清晰概括了研究目的？是否明确说明了论文试图解决或回答的问题？			
2. 摘要是否概括了研究设计和方法？是否简要介绍了论文采用的研究方法，如实验、调查或案例研究等？			
3. 摘要是否总结了主要结果和结论？是否支持在介绍部分提出的研究问题？			
4. 摘要是否阐述了论文的学术贡献？是否说明了论文对知识体系或实践的扩展？			
5. 如果理论视角是该论文的重要组成部分，是否在摘要中有所体现？			
6. 是否在描述研究目的之前介绍了研究背景和问题提出的原因？			
7. 关键词是否准确概括了论文的核心内容？			
8. 关键词是否涵盖了论文的主要概念和视角？			
9. 关键词的数量和长度是否合适？			

3　如何评价引言

引言（Introduction）是期刊论文的重要组成部分，它的核心作用是为读者铺设文章研究的背景和框架。引言的重要性体现在以下几个方面：

（1）提供背景信息：引言需要明确地介绍研究主题的背景，包括相关的理论、前人研究的概述，以及这个领域目前的研究现状和存在的问题；

（2）阐明研究意义：在引言中，作者需要说明自己的研究为什么重要，它将如何填补现有研究的空白，或者对理论、实践有何种贡献；

（3）明确研究问题和目的：引言部分应清楚地提出研究问题或假设，并概述研究的主要目的或目标；

（4）指引文章结构：有时引言还应简要介绍论文的结构，告诉读者可以期待什么内容，以及各部分是如何组织的。

3.1 是否首先描述了一个大众比较普遍熟悉的相关背景？

通过描述一个社会比较普遍熟悉的宏观背景，作者可以让读者对研究领域有一个更深入的了解，从而更容易理解研究的意义和价值。此外，这也有助于建立作者与读者之间的共鸣，使读者更愿意进一步阅读和了解研究内容。在描述一个社会比较普遍熟悉的宏观背景时，作者可以引用一些公认的事实、数据或事件，以便读者能够更容易地理解研究的背景和重要性。案例见表 3.1。

表 3.1　给出普适性背景的案例

案例	在当前数字化时代，互联网和社交媒体的普及对大学生群体产生了深远的影响。大学生们越来越依赖互联网和社交媒体平台来获取信息、进行学术交流、维系社交关系以及消遣娱乐。然而，这种依赖性也带来了一些负面影响，如学业压力增加、社交关系紧张、心理健康问题等。针对大学生网络依赖性的研究越来越受到学者和研究者的关注，他们致力于探究影响大学生网络依赖性的各种因素，以期能够找到有效的干预和管理策略。因此，深入研究大学生网络依赖性的影响因素成为一项具有重要意义和紧迫性的研究课题
点评	该段落清晰地介绍了当前数字化时代下，互联网和社交媒体对大学生群体的普及和影响，这是一个社会比较普遍熟悉的宏观背景。通过这样的介绍，读者可以轻松理解大学生网络依赖性这一研究主题的重要性和紧迫性

3.2 是否快速引出研究主题和目的？

引言部分要快速引出研究主题和目的，其重要性在于提供了读者对论文内容的快速概览和理解。通过在引言部分迅速介绍研究的主题和目的，读者可以在阅读之初就明确文章的核心内容和意图，从而激发他们的兴趣，增加对论文的关注度。此外，这种做法还有助于增加文章的连贯性，使整个论文的结构更加清晰、紧凑，读者更容易跟随作者的思路，并理解文章的逻辑关系。

例如表 3.1 中的案例，该引言快速引出了研究的主题和目的。首先，提出了当前数字化时代互联网和社交媒体普及的背景，强调了这种普及对大学生群体产生的深远影响。其次，指出了这种依赖性可能带来的负面影响，如学业压力增加、社交关系紧张、心理健康问题等，突出了研究的社会背景和现实意义。最后，指出了对大学生网络依赖性研究的关注和紧迫性，强调了研究的重要性和紧迫性，进一步明确了研究的目的。因此，这段引言在较短的篇幅内清晰地介绍了研究的主题和目的，符合引言快速引出研究主题和目的的标准。

3.3 是否引用了近三年内的研究？

引言中引用的文献应当包含该领域的最新研究，这样才能确保研究内容的时效性（Currency）和创新性（Innovativeness）。使用最新的研究不仅展示了作者对领域最新动态的了解，也提升了论文的学术质量。这一点在快速发展的学科领域尤为重要，因为它直接影响到论文的学术贡献和实际应用价值。

3.4 是否引用了足量的文献支撑？

通过引用充足的文献支撑（Reference Support），作者可以展示对研究领域的全面了解和深入思考，确保读者对研究背景和相关文献有清晰的认识。此外，足量的文献支撑还可以增强引言的学术性和可信度，表明作者对该领域的文献调研是充分的，研究的可信度更高，更容易获得审稿人的好感。因此，引言是否引用了足量的文献支撑直接影响着读者对论文内容和作者研究能力的评价。

一般来说，我个人的评价标准是要保证每两行就有至少一个文献，这样，整个引言部分下来，应该至少有 7 篇引用来支撑我们的论点和论述。

3.5 内容组织逻辑是否容易识别？

引言的结构和内容应该具有清晰的逻辑性。这意味着引言应按照一定的逻辑顺序（如由一般到特殊，或由历史到现代）来展开，使读者能够顺畅地跟随作者的思路。逻辑性强的引言可以有效地引导读者，帮助他们理解研究的动机、目的以及如何进入研究的主体部分。如果引言的内容组织逻辑混乱或者不清晰，读者就可能会感到困惑，难以理解作者的研究动机和研究问题。这会影响读者对论文的整体印象，并降低他们对论文内容的理解和接受程度。

引言常见的逻辑组织方式有很多，这里介绍三种。

第一种，根据《金字塔原理》这本书中介绍的模型，即首先介绍 Hackglound（背景），其次提出 Problem（问题），最后给出 Solution（解决方案），即该研究的目的和路径。案例见表 3.2。

表 3.2　第一种引言组织方式

案例	情境：在现代社会中，社交媒体已经成为人们生活中不可或缺的一部分，大学生群体尤其容易陷入其中
	解决方案：本研究将探究社交媒体对大学生学业成绩的影响，并提出相应的解决策略，以帮助大学生更好地管理自己的网络使用行为

第二种，先说问题，引起关注，然后给出目前已有的方法，最后给出批判并提出本研究的更为合理的解决方法。我把这种方法叫作销售型。案例见表 3.3.

表 3.3　基于问题的引言案例

案例	1. 问题（Problem） 在当今数字化时代，大学生群体普遍面临着网络依赖性问题。随着互联网和社交媒体的普及，大学生们越来越依赖于网络和社交媒体平台，这给他们的学业、社交和心理健康带来了一系列负面影响。因此，我们面临的首要问题：大学生网络依赖性的增加是否与学业成绩下降之间存在着某种关联？这一问题不仅涉及个体学生的学业表现，也关乎整个教育体系对学生网络使用行为的管理和指导。 2. 解决方案（Solution） 为了解决这一问题，我们需要进行一项定量研究，以探究大学生网络依赖性对学业成绩的实际影响。通过采用调查问卷和统计分析等方法收集大量数据，从而深入了解网络使用行为与学业成绩之间的关系。这种研究方法能够为我们提供客观、可量化的数据支持，从而更准确地评估网络依赖性对学业成绩的影响程度。 3. 批判（Critique） 尽管定量研究提供了大量数据，但也存在着一些局限性。例如，调查问卷可能受到个体主观因素的影响，导致数据的偏差；统计分析可能忽略了某些潜在的深层次影响因素。因此，在进行定量研究时，我们需要注意研究方法的选择和数据分析的可靠性，以尽可能减少批判的空间。 4. 研究目的（Research Purpose） 基于以上问题和解决方案，本研究的目的是通过一项定量研究，探究大学生网络依赖性对学业成绩的影响。我们旨在通过收集客观数据，分析网络使用行为与学业成绩之间的关联，从而为学校和教育机构提供有效的管理和指导策略，帮助大学生更好地应对网络依赖性带来的负面影响，提高其学业成绩和心理健康水平

　　第三种，针对众人不太熟悉的概念，首先给出定义，其次介绍其重要性，再次介绍已有的相关研究并评价进展和缺憾，最后表述空白和问题，并引出本研究的目的和问题。我把这种思路叫作初次介绍型。案例见表3.4。

表 3.4　**介绍陌生概念的引言案例**

案例	1. 定义（Definition） 首先，我们需要明确定义"大学生网络依赖性"这一概念。网络依赖性指的是个体对互联网和社交媒体等网络平台的过度依赖和沉迷，导致其日常生活、学习和社交行为受到影响的现象。这种依赖性可能表现为长时间的网络使用、无法自控的网络浏览行为以及对网络社交关系的强烈依赖等。 2. 重要性（Significance） 网络依赖性已成为当代大学生群体面临的重要问题之一，其影响涉及个体的学业、心理健康以及社会交往等多个方面。了解和解决大学生网络依赖性问题，对于维护大学生的健康成长、促进学校教育质量的提升具有重要意义。 3. 相关研究（Related Research） 已有一些研究对大学生网络依赖性进行了探讨，但目前仍存在一些进展和缺憾。一方面，已有研究揭示了网络依赖性与学业成绩之间存在一定的负相关关系，但对于其具体影响机制和干预策略尚未深入研究。另一方面，现有研究大多集中在定性分析或小样本调查上，缺乏大规模的定量研究和深入的统计分析，使得相关结论的可靠性和普适性有待进一步验证。 4. 空白和问题（Gap and Problem） 基于以上已有研究的评价，我们发现仍存在一些空白和问题待解决。具体而言，我们需要进一步探究大学生网络依赖性对学业成绩的确切影响机制，制定有效的干预和管理策略。同时，我们也需要关注网络依赖性与个体心理健康、社交关系等方面的关系，并探讨其潜在的影响机制。 5. 研究目的和问题（Research Purpose and Question） 因此，本研究旨在通过一项定量研究，探究大学生网络依赖性对学业成绩的影响，并深入分析其中的影响机制。具体而言，我们将通过收集大量数据，运用统计分析方法，探讨网络依赖性与学业成绩之间的关系，并试图发现其中的相关因素和影响路径。同时，我们也将借鉴已有研究成果，为大学生网络依赖性问题的解决提供一些理论和实践上的建议。

3.6 是否明确表述和列举了研究问题？

通过明确列举研究问题（Research Questions），可以帮助读者迅速理解研究的目的和意义，从而更好地把握论文的整体内容和结构。这有助于读者在阅读论文时保持关注，并理解作者的研究动机和目标。此外，清晰明确的研究问题也有助于研究者在进行研究设计和数据收集时保持一致性，确保研究的准确性和可信度。因此，引言中明确表述和列举研究问题是确保研究顺利进行并有效传达研究成果的重要一环。例如，以《PBL 问题驱动学习模式在高校教学实践效果研究》为篇名的论文，其研究问题可能是以下几个（注意以问句形式呈现）：

（1）学生对 PBL 模式的接受程度如何？

（2）与传统模式相比，教师在 PBL 模式下扮演的角色有哪些变化？

（3）PBL 模式是否能够提高学生的学习成绩和学习兴趣？

此外，研究问题的呈现顺序最好是按照正常解决问题的步骤来，或者从较为简单初级到比较困难和高级。例如，针对现状的问题往往是描述性的，例如 80% 的教师每天使用计算机进行备课，教师的教龄与其课件设计的质量则需要更为复杂的数据收集和分析。如课件设计的质量要如何评价？那一定需要制定评价标准，并需要人工进行打分统计，最后通过 SPSS 等软件进行推论统计分析。后者耗时更长，因此应该往后放。

3.7 是否尽早提供了较为陌生的专有名词的解释？

在撰写引言时，对于陌生的专有名词的解释尽早提供具有多重作用性。首先，这有助于读者更快地理解文中涉及的概念和术语，使他们能够轻松跟随文章的逻辑，避免因术语理解不清而产生困惑。其次，解释专有名词也有助于增强文章的专业性，因为引言部分是文章的开端，是对文章主题和内容进行引导和概括的重要部分。通过在引言中提供对专有名词的解释，不仅可以使文章更具可读性，也能够展示作者对读者理解的关注，并显示作者的专业素养。最后，对于一些跨学科的读者来说，某些领域的专有名词可能不够熟悉。在引言中提供解释可以帮助这部分读者更好地理解文章的内容，提高文章的可读性和适用性。因此如表 3.5 示例，由于"知识隐藏"的概念并不为大众所熟知，需要在引言的第一个自然段尽早解释，以便与读者达成共识，为其接下来的阅读体验做好准备。

表 3.5 尽早介绍陌生概念段落案例

案例	在当今高校教学环境中，教师们所拥有的知识和经验无疑是教学质量和学生学习成效的重要影响因素之一。然而，值得关注的是，有一部分教师可能存在一种现象，即有意或无意地隐藏他们所拥有的知识，不愿与他人分享或将其传授给学生或同事。这一现象被称为"知识隐藏"，它不仅可能影响教学效果，也可能给学术研究和学校管理带来负面影响。 在本文中，我们将重点探讨中国高校教师的知识隐藏现象，包括其认知、态度和可能的对策。知识隐藏指教师有意或无意地不分享自己所拥有的知识，或者在知识传授过程中故意隐瞒某些信息。这一现象可能受教师的个人动机、组织文化、学术竞争等多种因素的影响。因此，我们将从认知和态度两个角度出发，探究高校教师知识隐藏的原因和特征，同时提出可能的应对策略，以促进教师之间的知识共享和合作研究，提高教学质量和学术水平

3.8 如果引言和文献综述是独立的模块，是否将引言篇幅限制在半页至一页 A4 纸？

引言的主要作用是引导读者进入文章的主题和内容，为后续的论述和分析做好铺垫。过长的引言可能会使文章显得冗长烦琐，降低可读性。通过限制引言篇幅，可以使引言更加紧凑和易读。根据经验，我通常将引言篇幅限制在半页至一页 A4 纸，这样可以迫使我们集中精力，提炼主题，确保引言内容简练、清晰，避免过多地介绍背景和细节，从而更有效地引导读者尽快进入文章的正题。

当然，如果是毕业论文，引言的长度可能需要适当放宽至 2 页，甚至

3 页。一些专业的论文会要求在引言部分不但包含我们前面所讲的研究背景、目的和问题，还会需要提供各种意义（如理论意义和实践意义等）和创新性（如理论创新和应用创新等）。按照每个标题外加一个段落的方式去写，篇幅就会被轻易地拉长。

3.9 是否引用了该主题领域内的权威文献？

权威文献指的是在特定领域具有高度信誉和专业性的文献。这些文献通常由知名的学术机构、专家学者或权威出版机构发表或编辑，并经过严格的同行评审或专业审核。权威文献在学术研究中扮演着重要角色，因为它们提供了可靠、准确、具有权威性的信息，可以作为研究和论证的基础。

一方面，引用该主题领域内的权威文献可以为研究赋予更高的可信度，表明作者对于相关领域的文献和理论有深入的了解，并将其纳入自己的研究框架中。另一方面，引用权威文献可以帮助作者回顾前人在该主题领域内的研究成果和进展，分析前人的研究方法、结果和结论，从而为自己的研究提供更加充分和全面的背景支持。

那我们应该如何识别权威文献呢？引用次数越多通常意味着该文献在学术界的影响力越大，因此具备更高的权威性。如果是在中国知网（www.cnki.net）查询，我们可以在搜索结果页面，点击引用量，最多被引用的文献就会呈现在最前面，供我们阅读、下载和引用。英文权威论文则可以通过搜索 Web of Science、谷歌学术或自己所在学校的数据库，在检索关键词后点击 Citation（引文）进行排列。此外，如 Connected Papers 等网站可以通过输入关键词，几秒内生成围绕该关键词的文献引用网络图谱。研究者可以根据图谱中圆圈的大小判断该文献的权威性和影响力。

引言案例分析

知识隐藏是一个在高等教育领域日益受到关注的现象。它指的是个体有意识地隐瞒或保留对他人有价值的信息或知识（Ghani eb al.，2020；Xu and Jiesen, 2022）。在中国的高校环境中，教师的知识隐藏行为不仅影响学生的学习和发展，还可能对教育机构的整体知识共享文化产生负面影响（Jiang eb al.，2019；Zutshi eb al.，2021）。

知识隐藏行为在高校教师中普遍存在，给学术创新和知识传播带来了重大挑战。这种行为可能导致知识流动受阻，影响团队创造力和学术成果的产生（Fong eb al.，2018；Černe eb al.，2014）。此外，知识隐藏还可能导致心理安全感的降低和组织犬儒主义的增加，从而影响教师和学生的工作和学习动力（Jiang eb al.，2019）。

近年来，研究者开始关注知识隐藏的不同形式，如回避性隐藏、理性化隐藏和装傻（Ghani eb al.，2020；Xu and Jiesen, 2022）。研究表明，知识隐藏行为与多种因素有关，包括个人信念、组织正义感、职业承诺以及团队和组织层面的因素（Zutshi eb al.，2021；Gagné eb al.，2019）。此外，一些研究还探讨了知识隐藏对学生学习成效和教师创造力的影响（Černe eb al.，2014；Fong eb al.，2018）。

尽管已有研究对知识隐藏的影响因素和后果进行了探讨，但对于如何有效应对和减少高校教师的知识隐藏行为的研究仍然不足。特别是在中国高校的特定文化和教育背景下，关于知识隐藏的深入理解和应对策略的研究尚显不足（Zhu eb al.，2010；Tan, 2015）。

鉴于此，本研究旨在深入探讨中国高校教师知识隐藏的认知、态度和应对策略。我们提出以下三个研究问题：

（1）在中国高校环境中，哪些因素促成了教师的知识隐藏行为？

（2）教师的知识隐藏行为如何影响学术环境和学生的学习成效？

（3）如何有效地识别和减少高校教师的知识隐藏行为，以促进知识共享和学术创新？

通过对这些问题的研究，本文旨在为理解和解决中国高校教师知识隐藏问题提供理论和实践上的指导。

【参考答案见 P. 231 】

评价引言的标准见表 3.6。

表 3.6 评价引言的标准

评价标准	是	不确定	否
1. 引言是否首先描述了一个大众比较普遍熟悉的相关背景			
2. 引言是否快速引出研究主题和目的？			
3. 引言是否引用了近三年内的研究？			
4. 引言是否引用了足量的文献支撑？			
5. 引言的内容组织逻辑是否容易识别？			
6. 引言是否明确表述和列举了研究问题？			
7. 引言是否尽早提供了较为陌生的专有名词的解释？			
8. 如果引言和文献综述是独立的模块，是否将引言篇幅限制在半页至一页 A4 纸？			
9. 引言中是否引用了该主题领域内的权威文献？			

4　如何评价文献综述

文献综述（Literature Review），作为学术论文中的一部分，是一项旨在系统性地总结、分析和评价已有文献的工作。这项工作不仅仅是对已有研究成果的简单汇总，更是对这些研究成果深入挖掘、理解和解释的过程。文献综述的目的在于为读者提供关于特定主题或领域的研究现状和进展，以便全面了解，为后续研究提供基础支撑、理论依据和方法参考。

文献综述之所以重要，有以下几个关键原因。

（1）构建研究的学术背景

文献综述不仅回顾了研究主题的历史发展，还展示了该领域的理论演变和实践进展。这有助于研究者理解研究问题的起源，以及它在学术界和社会中的重要性。通过这种方式，研究者能够确保自己的研究工作与现有的知识体系相衔接，避免在研究的海洋中迷失方向。例如，研究者在探讨"在线教育对学习成效的影响"时，通过文献综述可以追溯到 20 世纪 90 年代初期远程教育的兴起，了解其发展历程，以及随后的大规模开放在线课程（MOOCs）如何改变了教育模式。这有助于研究者理解当前在线教育研究的脉络，以及为何这一领域值得持续关注。

（2）揭示研究领域的空白

通过系统地梳理现有文献，研究者能够识别出尚未被充分探讨的问题或领域，这些空白可能正是未来研究的潜在方向。这种识别过程对于确保研究的创新性和实用性至关重要，因为它可以帮助研究者提出新的研究问题，填补知识空白。例如，在研究"社交媒体对青少年心理健康的影响"时，文献综述可揭示尽管已有大量研究关注社交媒体使用与心理健康的关系，但很少有研究探讨特定社交媒体平台（如 TikTok）对特定年龄段（如青少年）的具体影响。这样的发现为研究者指明了新的研究方向。

（3）建立坚实的理论基础

文献综述使研究者能够整合和评估现有的理论框架，从而为自己的研究构建一个坚实的理论基础。这种理论基础不仅为研究提供了指导，还有助于研究者在分析数据时形成合理的解释和推论。例如，在研究"工作满意度与员工绩效之间的关系"时，文献综述可以帮助研究者整合 Maslow[①] 的需求层次理论和 Herzberg[②] 的双因素理论，构建一个综合的理论框架，以解释工作满意度是如何通过满足员工的基本需求和激励因素来提高其工作表现的。

（4）优化研究设计和方法选择

了解前人的研究方法和方法论，研究者可以借鉴成功的做法，同时避免重复他人的错误。这种对方法论的深入理解有助于研究者设计出更加科学、有效的研究方案，确保研究结果的可靠性和有效性。例如，研究者在

---

① Maslow, A., & Lewis, K. J. (1987). Maslow's hierarchy of needs. *Salenger Incorporated*, 14（17）: 987–990.

② Herzberg, F.（2017）. *Motivation to work*. Routledge.

进行"城市绿化对居民幸福感的影响"的研究时，通过文献综述发现，先前的研究多采用问卷调查方法，缺乏对居民日常行为模式的深入观察。因此，研究者决定采用混合方法，结合定量调查和定性观察，以获得更全面的数据分析。

（5）提高研究的原创性和价值

通过避免重复研究，研究者能够确保自己的工作具有原创性，这对于学术界和实践领域都具有重要意义。原创性研究不仅能够为知识体系增添新的内容，还能够推动学科的发展和实践的进步。例如，在"人工智能在医疗诊断中的应用"领域，文献综述可显示，尽管已有研究探讨了 AI 在图像识别中的应用，但鲜有研究关注 AI 在非图像数据（如患者病史和实验室结果）的综合分析。这为研究者提供了一个原创性的研究点，即开发一个综合分析多种医疗数据的 AI 系统。

（6）增强学术信誉和影响力

一个详尽且深入的文献综述能展示研究者对研究领域的深刻理解和批判性思维能力。这不仅能够提升研究者的学术声誉，还能够增加研究工作的可信度，使其在学术界和政策制定中产生更大影响。例如，研究者在撰写关于"气候变化对农业产量影响"的文献综述时，可通过深入分析和批判性评价现有文献，不仅展示对气候变化科学和农业经济学的深刻理解，还要提出新的研究视角，如考虑气候变化对不同作物品种影响的差异性。这样的文献综述不仅能够提升研究者在该领域的学术地位，还可能影响政策制定。

要撰写一篇出色的文献综述，你需要广泛收集相关文献资料，进行系统性整理、分析和综合，以及提供清晰而有逻辑的结构。文献综述是研究工作的关键部分，它能为你的研究工作提供坚实的支撑，帮助你理解和掌握研究领域的精髓。因此，它在研究生阶段以及整个学术生涯中都具有重要意义。接下来，我们来了解一下详细评价文献综述写作质量的多个标准。

4.1 如果引言和文献综述是独立的模块，文献综述的篇幅是否至少是引言的 2.5 倍？

与引言相比，文献综述需要更多的篇幅来对前人研究进行全面、详尽的回顾和总结，以确保后续研究能够在已有研究的基础上进一步地延伸和深入。文献综述的篇幅应该保证至少是引言篇幅的 2.5 倍，这样可以确保研究的全面性和深入性。在有限的篇幅内，研究者需要对相关文献进行精选和归纳，确保所选择的文献能够全面覆盖研究领域的主要研究进展，并能够提供对研究问题的全面认识和理解。当然，篇幅的长短并没有完全绝对的阈值或比例，但对于国际期刊的实证研究论文来说，文献综述和引言加起来两页半 A4 纸的情况占绝大多数。

4.2 是否体现了与篇名极为相关的研究综述？

当涉及文献综述的相关性时，高相关度的文献应当直接与篇名紧密相关，即与研究主题直接相关，内容涉及了研究主题的核心内容和关键点。这样的文献能够为研究提供重要的理论支持和实证支持，有助于阐明研究的问题和目的。以《PBL 问题驱动学习模式在高校教学实践》为例，相关度高的文献可能是《对 PBL 模式在高校教学中实践和效果的研究》，或者《对 PBL 模式在教学设计和教学改革中的应用案例的描述和分析》。这些文献能够直接回答文章的研究问题，为研究提供直接的理论支持和实证支持。相关度低的文献则可能与篇名关联性较低，内容涉及了研究主题的边角内容或与研究主题相关性较弱的领域。这样的文献虽然也涉及教学方法和学习效果等相关领域，但与研究主题的直接关联性较低，可能并不能为研究提供直接的理论支持和实证支持。如果将这样的文献纳入文献综述中，可能会导致文章内容的累赘，增加读者的阅读负担，降低文章的可读性和逻辑连贯性。例如，一篇关于传统课堂教学方法在小学教育中的应用研究，虽然也涉及了教学方法和学习效果，但与 PBL 模式在高校教学实践的直接关联性较低。再如，一项关于学生学习动机与学业成就的元分析研究，虽然与学习效果相关，但与 PBL 模式在高校教学实践的研究主题关联性较弱。

4.3 是否全面回顾了与篇名主题相关的研究进展和趋势？

这一标准的意思是，论文应在文献综述部分对本研究范围内的相关文献进行全面梳理和总结。这包括回顾国内外学者在该研究领域已经开展的研究工作，介绍他们的主要研究成果与发现。同时也需要分析该研究领域最近几年的研究热点和趋势变化。这对论文质量的保证具有重要意义：

（1）可以清晰展示研究课题在该领域的学术价值和原创性；

（2）有利于论文确定自己在该研究领域的位置，避免重复研究；

（3）为自己论文的研究提供理论依据和参考，提高研究水平；

（4）有助于作者系统梳理该领域研究进展，为今后工作指明方向；

（5）方便读者快速了解该研究领域的前沿动态，有利于论文的传播和应用。

案例见表4.1。

表 4.1　片面回顾已有文献的案例

案例	随着信息技术在教育领域的广泛应用，教师在教学过程中面临着越来越大的技术压力。近年来，国内外一些研究已开始关注这一问题。 　　Wang 和 Li（2018）通过问卷调查发现，我国部分小学教师在使用多媒体教学设备和编写电子教材时感到难度较大，存在一定的技术障碍。Zhang（2017）采访法研究表明，高校英语教师在开设 MOOCs 课程过程中，由于自身技术能力不足，给工作带来一定困难。 　　在国外，教师技术压力问题也受到一定关注。美国教育学者 John（2015）通过案例分析指出，教师在进行网络教学时由于缺乏相关技术培训，给工作造成一定障碍。加拿大学者 Smith 等（2020）的调研发现，部分教师在使用智能设备助教学时存在操作困难。
点评	尽管该文献综述论述了部分相关研究，但未能全面回顾与主题相关的研究进展和趋势，是本篇文献综述的一个不足之处。这将影响论文本身在该研究领域的定位及读者的理解。对于以上研究的改进建议是，把教师技术压力的相关研究进行梳理，看看能不能按照一定的逻辑关联分为几个方向和类别，并分别叙述每个类别下的代表性研究者、研究成果、贡献和空白。否则，仅仅包含国内国外的研究，而不指出关联方式，会让审稿人或读者看起来作者的写作十分随意、不严谨。

4.4 是否尽早提供了关键名词的权威定义？

　　权威定义的重要性不言而喻，它有助于读者快速理解论文讨论的主题和范围，消除概念误区，有利于论点的阐释和论证。这些关键名词的定义通常来源于该领域公认的学术权威，如典著、标准、规范等，这不仅增加了论文的可靠性，也为后续论述奠定了概念框架基础。因此，给出定义最好放在文献综述开始部分，以确保后续论文能够有条理地进行。

4.5 逻辑组织结构是否可以让读者快速识别？

一个清晰易懂的结构不仅能够使读者有针对性地阅读、识别论文的意图和贡献所在，也有助于提高论文的传播和应用效果，进而提高论文的影响力。相反，杂乱无章的结构会大大降低论文的可读性，影响论点的传达效果，从而影响论文的学术质量和价值。因此，论文是否采用合理易懂的逻辑结构组织文献综述部分直接关系到论文的质量和学术价值的体现，是评价论文的重要标准。当涉及教育学领域的研究时，以下是如何应用前述三种常见的逻辑结构方式的示范。

（1）按时间顺序：在教育学领域的文献综述中，可以按照教育理论、教学方法或教育政策的历史发展顺序进行分类和回顾。假设研究主题是"课堂互动教学方法的发展与应用"，那么文献综述可以首先回顾传统教学模式下的课堂教学方式，其次介绍交互式教学模式的兴起和发展，再次分析现代技术支持下的网络互动教学模式的应用和影响，最后探讨未来智能化教学环境下的课堂互动教学趋势。

（2）按主题：在教育学领域的文献综述中，可以按照教育目标、教学内容或教学方法进行分类。假设研究主题是"素质教育在中小学的实践与评价"，那么文献综述可以按照素质教育的不同维度（如思想品德教育、学科素养培养、实践能力培养等）进行分类，分别介绍每个维度的相关研究成果和评价方法。

（3）按问题—解决方案结构：在教育学领域的文献综述中，可以首先提出教育实践中存在的问题或挑战，然后逐一介绍相关文献对这些问题的解决方案或应对策略。假设研究主题是"高校在线教育中学生参与度不足的问题与对策"，那么文献综述可以首先分析在线教育中学生参与度不足的原因，如缺乏互动性、学习动机不足等，其次介绍相关文献对这些问题的解决方案，如增加在线课程互动设计、提升学生学习动机的策略等。

4.6 是否体现出作者对已有研究成果的肯定和理解？

制定此标准旨在评价作者对前人研究的认同程度和对其理解的深度。通过对前人研究成果公正、全面的评价，作者不仅能够展现出学术素养，还能够增强论文的客观性和可信度。这种肯定和理解有助于凝练研究领域的共识和核心观点，为后续研究提供重要的理论支持和学术支持。

4.7 是否体现出作者对已有研究的空白识别及批判性思考？

这个标准评价作者是否能够客观地指出前人研究存在的不足和问题点，并提出新的研究方向和思路。这种深入思考和批判性分析有助于突破传统研究的局限性，推动研究领域的创新和进步。

这里举一个教育学领域文献综述不体现对已有研究空白识别和批判性思考的反面例子：某文献综述总结了近年来几十篇关于小学生学习动机影响因素的研究成果，但是，它没有指出这些研究主要是采用问卷调查方法进行的，缺乏实地观察和深入访谈等定性研究，可能难以把握学习动机的复杂内在机制。首先，这些研究大多关注学生个人因素对学习动机的影响，如自尊心、成就动机等，但它没有思考家长和教师在学校环境等外在社会因素可能产生的影响，这一重要方面尚未得到深入研究。其次，这些研究主要针对普通小学生，但少数民族和低收入家庭学生的学习动机机制相对缺乏关注。这也是一个值得进一步探索的研究空白。最后，它没有总结已有研究的不足之处，如样本选择是否代表性、研究工具是否可靠等；也没有指出未来值得深入探讨的新问题，例如不同学科之间学习动机的异同点。这样缺乏批判和思考的文献综述，不能推动该领域研究的进一步发展。

4.8 是否避免了不加思考地罗列作者的研究结果？

在文献综述中，简单罗列作者研究结果就是我们常说的"写流水账"——是一种低级、不加思考、毫不费力的文献综述写作方式。这一条标准就是用来判断作者是否对研究结果进行了充分的分析和评价，而不是简单地将各研究成果进行罗列。通过对研究结果进行归纳总结和思考，作者能够找出其中的规律和联系，挖掘出研究领域的深层次问题和挑战。这种分析和思考有助于提升论文质量，使其具有更高的学术价值和影响力。

例如，某文献综述总结了最近五年来几十篇关于小学英语教学方法研究结果，但是，它仅仅是按年份顺序罗列每篇研究探讨的具体教学方法及其效果，没有进行任何分析和思考。比如没有总结不同教学方法在提高学生口语水平、阅读能力等方面的共性与差异。也没有思考这些研究结果在不同年级、不同学校类型的学生群体中的通用性问题；没有发现教学方法演变的规律性；没有指出目前研究中方法论的优缺点，如样本选择、教学设计、评估指标等的问题；也没有提出未来研究的新方向。这样缺乏对研究成果进行归纳和引导性思考的文献综述，失去了它应有的价值，读者难以获得实质性的研究启示，仅成为一个简单而散乱的研究报告罗列。

4.9 是否体现出作者对观点和事实的区分？

　　作者应该明确表明自己的见解，并与他人研究结果进行区分，以确保论文的论证力度和可信度。通过清晰区分观点与事实，作者能够建立起更为严密的论证链条，使论文的逻辑更加清晰、论证更加有力。例如，某文献综述在论述小学语文教学模式的发展历程时，没有明确区分已有研究成果提供的事实描述，和自己对它们的看法和结论。作者直接表示 20 世纪 80 年代"出现了 ×× 的教学模式"，但没有注明这是基于某些研究结果总结出来的，还是自己单方面的看法。

　　基于此，读者根本无法判断这是事实，还是作者的主观臆断。同时，它直接表示"这些教学模式在提高学生语文能力方面都很有效"，但没有给出支持这个结论的研究论证。

文献综述案例分析

1. 知识隐藏的概念与类型

知识隐藏是指个体有意隐瞒或保留对他人有价值的信息或知识（Černe et al., 2014）。在教育环境中，这种行为可能表现为教师不愿意分享对学生或同事有价值的教学方法、研究成果或专业知识。Ghani 等（2020）描述了三种知识隐藏行为：回避性隐藏、理性化隐藏和装傻。回避性隐藏指的是故意回避分享知识的请求；理性化隐藏是以合理的借口拒绝分享知识；装傻则是假装不知道或不理解相关知识。

2. 知识隐藏的影响因素

知识隐藏的动机和原因是多方面的。Gagné 等（2019）通过自决理论探讨了工作设计特征如何影响知识分享和隐藏的动机。他们发现，认知工作需求和工作自主性与通过自主动机分享知识的频率和效用正相关。此外，任务相互依赖性与三种知识隐藏形式（回避性隐藏、理性化隐藏和装傻）通过外部调节分享知识的动机正相关。

在中国高校的背景下，教师的知识隐藏行为可能受到文化和教育体制的影响。Tan（2015）讨论了中国教育改革中从西方借鉴政策的过程，指出文化背景在政策转移中的重要性。Zhu 等（2010）的研究揭示了中西方大学教师在教学角色和在线协作学习采纳方面的差异和相似之处，这可能影响他们的知识分享和隐藏行为。

3. 知识隐藏的后果

知识隐藏对个人、团队和组织都有潜在的负面影响。Fong 等（2018）发现知识隐藏与团队创造力负相关，这种关系通过吸收能力完全中介。Černe 等（2014）的研究表明，知识隐藏不仅阻碍同事产生创造性想法，还可能对知识隐藏者自己的创造力产生负面后果。他们提出，当员工隐藏知识时，会触发一种相互不信任的循环，促使同事不愿意与他们分享知识。

4. 知识隐藏在中国高校教师中的具体表现

在中国高校环境中，教师的知识隐藏行为可能与特定的文化和教育体制因素相关。Zhu 等（2010）的研究指出，中西方教师在教学角色和在线协作学习的采纳上存在显著差异，这可能反映在知识分享和隐藏的态度上。此外，Tan（2015）强调了中国教育改革中对"西方"教育政策的选择性借鉴，这可能影响教师对知识共享的看法和实践。

中国高校教师的知识隐藏行为也可能受到组织结构和管理实践的影响。Ghani 等（2020）指出，组织中的互动公正感和职业承诺对知识隐藏行为有显著影响。这表明，在一个公平且支持职业发展的环境中，教师可能更愿意分享知识。

5. 知识隐藏的应对策略

为了减少知识隐藏行为，高校可以采取多种策略。首先，营造一个支持知识共享的文化环境至关重要。Gagné 等（2019）的研究表明，通过提高工作自主性和任务相互依赖性，可以促进主动分享知识，从而可能减少知识隐藏行为。其次，提高组织公正感和职业承诺也是关键。Ghani 等（2020）的研究强调了这些因素在减少知识隐藏行为中的作用。最后，高校还需要关注教师的个人动机和心理安全感。Černe 等（2014）的研究表明，提高心理安全感可以减少知识隐藏行为，因为当员工感到安全时，他们更愿意分享知识。

6. 结论

综上所述，知识隐藏是一个复杂的现象，受到多种因素的影响，包括个人动机、组织文化和教育体制。在中国高校环境中，理解和应对知识隐藏行为需要综合考虑文化、组织和个人层面的因素。通过建立支持性的组织文化，提高教师的职业承诺和心理安全感，高校可以有效减少知识隐藏行为，促进知识共享和学术创新。

【参考答案见 P.231】

评价文献综述的标准见表 4.2。

表 4.2　评价文献综述的标准

评价标准	是	不确定	否
1. 如果引言和文献综述是独立的模块，文献综述的篇幅是否至少是引言的 2.5 倍？			
2. 文献综述是否体现了与篇名极为相关的研究综述？			
3. 文献综述是否全面回顾了与篇名主题相关的研究进展和趋势？			
4. 文献综述是否尽早提供了关键名词的权威定义？			
5. 文献综述的逻辑组织结构是否可以让读者快速识别？			
6. 文献综述中是否体现出作者对已有研究成果的肯定和理解？			
7. 文献综述中是否体现出作者对已有研究的空白识别及批判性思考？			
8. 文献综述是否避免了不加思考地罗列作者的研究结果？			
9. 文献综述是否体现出作者对观点和事实的区分？			

5 如何评价理论框架

理论框架（Theoretical Framework）是研究的概念性蓝图，它包括了相关的理论、概念、假设以及研究变量之间的关系。它为研究问题奠定了理论基础（Theoretical Foundations），帮助研究人员更好地理解、解释和分析他们的研究课题。当考虑文献综述和研究论文中的理论框架时，理论的选择和解释以及理论与研究设计的整合（Integration）都至关重要。

具体而言，在论文中呈现理论框架这个模块，有以下重要意义：

（1）指导研究方向和假设提出。理论框架为研究提供了概念性依据和分析视角，有助于研究者明确研究问题，提出合理的研究假设。这为后续的实证分析奠定了坚实的理论基础。

（2）引导研究设计和数据收集。理论框架为研究设计提供了参考，如确定研究变量、选择合适的研究方法和数据收集途径等。这有助于保证研究的内部和外部效度。

（3）解释研究结果。理论框架为研究结果的解释提供了依据，使研究结论与现有理论体系相衔接。这有利于研究结果的学术价值阐释和实践意义探讨。

（4）推动理论创新。实证研究的结果可能会对既有理论产生挑战或进行补充，从而促进理论的发展和创新。这有助于推动学科的理论进步。

（5）增强论文逻辑性和可信度。理论框架的清晰阐述，能够增强论文的逻辑性和论证力度，提高研究结论的可信度和说服力。

总之，理论框架为实证研究奠定了坚实的基础，贯穿于研究全过程，在问题提出、研究设计、结果解释和理论创新等方面发挥着关键作用。这不仅有利于提升论文的学术水准，也有助于推动相关学科的理论发展。

5.1 是否简述了理论框架的相关理论基础？

在学术论文中，理论框架是研究的基石，为研究提供了必要的理论支撑和指导。因此，简述相关理论基础的重要性不言而喻。本条标准的意义在于帮助读者更好地理解研究的理论背景和出发点，明确研究是建立在哪些已有理论之上的。通过简述理论基础，作者能够展示出自己对学科领域的学术深度和广度，同时也有助于读者评估研究的理论合理性和逻辑严密性。

值得注意的是，在国内外论文中，理论基础、理论框架和理论视角三个概念常被混淆。事实上，理论基础通常指的是支撑研究的核心理论或理论体系，为研究提供了理论上的支持和指导。理论框架指的是在特定研究背景下选择的理论工具，用来解释研究问题、构建假设和解释研究结果。理论视角是研究者对问题或现象的理论性看法和观点，是研究者对研究对象的理论解释和分析角度。总的来说，理论基础是研究的核心理论基础，理论视角和理论框架在研究中相互关联，研究者的理论视角影响选择的理论框架，理论框架则帮助研究者进行具体操作和分析研究问题。

5.2 是否解释了理论框架是原创、改编还是直接引用？

在学术研究中，明确理论框架的来源（原创、改编或直接引用）十分必要。这个标准的重要性在于确保论文建立在学术诚信的基础之上。明确理论框架的来源有助于读者判断其创新性和可靠性，同时也是对原始作者知识产权的尊重。如果是改编（Adapt）或直接引用（Directly Ruote）他人的理论框架，作者应当明确指出其来源，以避免学术不端行为并提高研究的透明度。

例如，在一篇关于教育中性别差异对学业成绩的影响的研究中，研究者明确解释了其理论框架为改编。论文采用了 Vygotsky 的社会文化理论作为研究的理论基础，并对其进行了适度的改编以适应研究关注的性别差异对学业成绩的影响。通过这样的解释，读者可以更清晰地理解论文的理论基础，以及作者在使用该框架时所做的调整和创新。这有助于提高论文的学术透明度（Transparency）和诚信度（Integrity）。

5.3 是否详细描述了该理论框架的构造和逻辑？

清晰地描述理论框架的构造和内在逻辑对于读者深入理解研究的理论基础和推理过程不可或缺。遵循这个标准有助于确保论文的逻辑严密性和说服力。通过详细的描述，读者能够跟随作者的思路，理解研究假设和结论是如何从理论框架中推导出来的。

例如，在一篇关于社会情感学习（Social and Emotional Learning）对儿童心理健康的影响的研究中，研究者详细描述了其理论框架的构造和逻辑。论文采用了一个综合性的社会情感学习模型作为理论框架，该模型考虑了儿童环境、家庭教养方式、同伴关系等多个因素对儿童社会情感学习的影响。在描述理论框架时，研究者首先介绍了模型中各个因素的构成和定义，然后详细说明了这些因素之间的作用关系和影响机制。例如，家庭教养方式（Parenting Style）可能通过影响儿童的观察学习和模仿行为来影响其社会情感学习，同伴关系（Peer Relationship）则可能通过提供社会支持和情感交流来促进儿童的社会情感发展。通过这样的描述，读者可以清晰地理解论文的理论基础和逻辑，并能够跟随作者的思路，理解研究假设和结论是如何从理论框架中推导出来的。

5.4 是否列举了该理论框架为何适用于本研究的多个原因？

在提供理论框架时，还需要说明该框架适用于本研究的充分理由。通过列举每条适用原因，作者能够证明研究设计的合理性和适当性，从而增强研究的学术质量和说服力。

例如，在一项研究中，探讨了采用个性化学习技术（Personalized learning Technology）提高高中生数学学习成绩的效果。研究者列举了多个原因（表5.1），说明了为何选择社会认知理论作为研究的理论框架。

表 5.1　解释引用理论的依据案例

案例	学习过程中的个体差异：社会认知理论强调了学习过程中个体的认知和情感因素对学习成果的影响。在个性化学习中，学生的学习速度、偏好和能力各不相同，因此适用社会认知理论能更好地理解和解释这些差异。 模仿和观察学习的重要性：社会认知理论强调了模仿和观察学习对学生学习行为的影响。个性化学习技术往往会提供个性化的学习材料和任务，通过观察和模仿他人的学习行为，学生可以更有效地掌握知识和技能。 自我调节学习策略的发展：社会认知理论还强调了个体在学习过程中自我调节学习策略的重要性。个性化学习技术通常会根据学生的学习情况提供反馈和指导，帮助他们发展和调节自己的学习策略
点评	这个例子中，研究者提供了多个充分理由，说明了为何选择社会认知理论作为研究的理论框架。通过这种方式，读者能够更好地理解研究设计的合理性和适当性，从而增强了研究的学术质量和说服力。当然，如果能为每个观点提供文献支撑就更好了

5.5 是否准确罗列了该理论框架在本论文中的作用和功能？

明确阐述理论框架在研究中的具体作用和功能，是确保读者理解研究的关键步骤之一。这样可以帮助读者理解该理论框架如何支持研究的进行。具体来说，这包括了理论框架在定义研究问题、指导数据收集和分析以及解释研究结果等方面的作用。通过准确罗列，作者能够清晰地展示理论框架与研究设计和结果之间的密切联系，进而提高论文的学术质量和可信度。

例如，在一篇研究论文中，探讨了学校领导者的情绪智力对教育组织绩效的影响。研究者准确罗列了情绪智力理论框架在本论文中的作用和功能，见表 5.2。

表 5.2　解释理论框架的作用案例

案例	定义研究问题：情绪智力理论框架帮助定义了研究问题，即探讨学校领导者情绪智力对教育组织绩效的影响。该框架将情绪管理和情商等概念引入研究，指导研究者思考领导者情绪智力如何影响教育组织的绩效。 指导数据收集和分析：情绪智力理论框架指导了研究者在数据收集和分析过程中的操作。研究者可以使用情绪智力评估工具来收集领导者的情绪智商数据，并基于该框架的理论假设进行数据分析，探究情绪智力与教育组织绩效之间的关系。 解释研究结果：情绪智力理论框架提供了解释研究结果的理论依据。根据该框架的理论假设，研究者可以解释领导者情绪智力对教育组织绩效的影响机制，并提出相应的结论和建议
点评	在这个例子中，研究者准确罗列了情绪智商理论框架在本论文中的作用和功能，说明了该框架如何定义研究问题、指导数据收集和分析以及解释研究结果。这体现出研究者对该理论框架有深入的理解和运用

5.6 是否清晰、准确地呈现了理论框架图示？

在学术论文中，通过图示清晰地展示理论框架是提高论文可读性和理解度的有效手段之一。这个标准的重要性在于读者能够直观地理解复杂的理论关系和结构。通过清晰地呈现理论框架图示，读者能够快速把握理论的核心要素和它们之间的关系。这种视觉呈现有助于简化和澄清对理论框架的理解，对于理论较为复杂或抽象的研究尤为重要。

5.7 作者是否对所选理论进行了深入的探讨，包括其起源、发展以及在教育学中的应用？

这个标准要求作者对所选理论进行深入探讨，包括理论的起源、发展历程以及在目标学科领域的应用情况。一方面，通过对理论的起源和发展历程进行深入探讨，可以让读者了解该理论是如何形成和发展的。这有助于读者理解理论的核心概念和基本假设，为后续的应用和评价奠定基础。作者可以追溯理论的最初提出者，梳理其主要观点和演化过程，以及理论在学术界的讨论和发展情况。这种全面的理解有助于作者更好地把握理论的内涵和外延。另一方面，探讨理论在所选学科领域的应用情况，可以展现作者对理论在实践中的运用有深入的认知。作者可以查阅相关领域的研究文献，了解该理论在相关研究中的应用场景、研究方法、发现和结论等，以便更好地把握理论的适用性和局限性，为自身研究提供更好的理论指导。案例见表 5.3。

表 5.3　详细描述理论起源与发展历程的案例

案例	在一篇研究论文中，研究者使用了社会情感学习的相关理论框架，并对其进行了深入的探讨。他们首先介绍了该理论的起源，指出它最早由心理学家提出，并逐渐在教育学领域得到了应用。其次，研究者详细讨论了社会情感学习理论的发展历程，从其最初的基本概念到后来的扩展和修正。最后，他们分析了该理论在教育学中的应用情况，指出它在教育实践中的重要性和影响。通过这样的深入探讨，读者能够更全面地了解社会情感学习理论的背景、内涵和应用情况，从而提高对研究的理解和信服力
点评	在这个例子中，研究者对所选理论进行了深入的探讨，包括其起源、发展历程以及在教育学中的应用情况。这种深入探讨有助于读者更全面地了解该理论的背景和内涵，以及其在教育学领域的地位和价值。通过详细介绍理论的起源和发展历程，读者可以了解其演变过程和主要观点，而分析其在教育学中的应用情况能够展示其实践意义和价值。这有助于提高读者对研究背景和理论基础的理解，增强研究的学术可信度

5.8 作者是否能够将不同的理论有效地整合，形成一个综合性的分析框架？

形成一个系统完整的分析框架是分析一个问题的重要前提。单独使用一个理论可能无法解释问题的各个方面，且不同理论各有侧重，单独使用也存在局限性。理论融合不仅是理论的简单叠加，更是发挥不同理论的互补优势，互相补充各自不足，从而获得一个更全面深入的解释视角。

理论融合本身也是对理论的创新，有可能引发研究领域新的发展思路，对论文的学术影响更大。

例如，如果研究者能够将认知发展理论和社会文化理论结合起来，解释学生学习过程，那么其在理论整合上就做得很好。原因在于：首先，认知发展理论和社会文化理论能够从不同角度补充和丰富对学习过程的理解。认知发展理论侧重于个体内部的心理过程，如知识构建、概念发展等；社会文化理论则强调学习是一种社会参与和文化互动的过程。两种理论结合可以更全面地解释学习，既关注个体认知发展，又考虑社会环境的影响。其次，理论整合有助于提出更丰富的研究问题和假设。通过整合两种理论，研究者可以提出既关注个体认知过程，又关注社会文化因素影响的研究问题。这样的问题更贴近学习的复杂性，有助于产生更有价值的研究发现。最后，理论整合可以指导更多元化的研究方法选择。认知发展理论可以指导采用实验、观察等方法研究个体学习过程。社会文化理论则可以引导采用民族志、访谈等方法探索社会文化背景对学习的影响。理论整合有助于研究者选择多种方法，获得更全面的研究结果。案例见表5.4。

表 5.4   多理论融合案例

案例	该论文研究课堂参与度如何影响学生学习效果。作者选择了动机理论、认知理论和社会学习理论来构建理论框架，全面解释课堂参与度和学习效果之间的关系及作用机制。具体来说： 　　根据动机理论，课堂积极参与可以激发学生学习的内在动机，提高学习投入。 　　根据认知理论，课堂积极参与可以促进学生的认知处理和知识内化，有利于学习。 　　根据社会学习理论，课堂互动可以培养学生的社会学习能力，如观察模仿能力，这对学习转移也很重要。 　　三种理论形成一个系统框架，从动机、认知和社会三个层面全面解释了课堂参与度如何影响学习效果，以及其中的内在机制。 　　同时，作者还根据不同理论指出了框架的局限，为未来研究提出了改进意见，例如增加情绪理论的分析等
点评	这个例子体现了如何使用多种互补理论形成一个系统完整的理论框架，来全面和深入地解释一个教育问题，这对论文质量和影响都很重要

5.9 作者是否提出了新的理论视角或对现有理论进行了创新性的扩展？

　　提出新的理论视角或对现有理论进行创新性的扩展可以开拓研究领域的理论边界，丰富研究问题的理论阐释，甚至促进理论与实践的紧密结合。首先，通过提出新的理论视角或对现有理论进行创新性扩展，可以拓展某一研究领域的边界，为后续研究提供新的理论支撑。这有助于推动该领域的理论发展，开辟新的研究思路。其次，新的理论视角或理论扩展，可以为研究问题提供更多元、更深入的理论解释。这有助于研究者从不同理论角度分析问题，得出更全面、更有洞见的研究结论。再次，创新性的理论视角或理论扩展，往往源于对实践问题的深入思考。将新理论应用于实践研究，可以增强理论与实践的互动，推动理论的实践检验和完善，为实践提供更有针对性的理论指导。最后，在学术界提出新的理论视角或对现有理论进行创新性扩展，体现了研究者的理论创新能力。这有助于提升研究的学术价值和影响力，为研究者赢得更高的学术声誉。案例见表5.5。

表5.5 理论创新应用案例

案例	某论文研究如何通过课程设计提高学生解决复杂问题的能力。作者选择了复杂适应系统理论作为理论视角。这是一种起源于物理学和生物学的交叉学科理论。从这个视角出发，作者提出将课堂设计为一个"学习型复杂系统"： 　　（1）学生作为系统内的"代理"，通过互动产生自发秩序。 　　（2）任务设置作为"规则"，可以调节学生之间的连接强度和信息流通。 　　（3）教师作为"促进者"，可以根据系统动态及时调整任务规则，引导系统发展。 　　（4）系统在动态平衡和边缘状态下可以自组织形成解决问题的新模式，从而提高学生能力。 　　这个理论视角从根本上改变了传统课堂设计方式。它强调系统内复杂的非线性关系和自发秩序，为如何设计支持解决复杂问题提供了全新思路
点评	这种来自其他交叉学科的全新理论视角，对研究问题提供了前所未有的解释，拓宽了教育研究的视野，对论文质量贡献重大

5.10 作者是否提供了实证研究来支持理论框架的有效性？

这个标准要求作者提供实证研究来支持理论框架的有效性。首先，通过引用实证研究佐证理论框架的有效性，可以增强理论框架本身的可信度。这可以让读者更有根据地采纳和应用论文提出的理论框架。其次，实证研究可以检验和验证理论框架在解释和解决具体问题中的效果。这有利于论文阐述理论框架在实践中的应用价值。再次，提供实证研究也可以支持论文提出的结论，使论点更具说服力，也更利于论文研究成果的推广和应用。最后，实证研究可以帮助论文作者发现理论框架的不足，为以后理论框架的完善提供依据。整体来说，提供实证研究可以提升论文理论框架的可信度和应用价值，也有利于论文得出更加可靠的结论。这有助于读者对研究结果的理解和接受，提高研究的学术质量和影响力。案例见表 5.6。

表 5.6　为所用理论提供实证支持的案例

案例	《小学生参与式学习方式如何影响其解决问题的能力》
	这个研究选择了"社会学习理论"作为理论框架。社会学习理论（Bandura，1977）强调学习的社会性，认为个人行为和认知能力的发展很大程度上取决于观察和模仿他人的行为。根据这个理论，参与式学习可以提高学生的社会学习能力（Bandura and Walters，1963）：
	（1）参与式任务设置可以促进学生之间的互动交流，学生可以从观察同伴解决问题的过程中获得解决策略。
	（2）小组合作可以培养学生互相指导和学习的能力，在帮助他人解决问题的同时也有利于自身能力的提升（Vygotsky，1978）。
	（3）教师在参与式学习过程中的反馈可以引导学生注意重要细节，帮助他们从中吸取教训（Schunk and Zimmerman，1997）。
	之前的一些研究已经证实，采用社会学习理论框架可以有效提高学生的学习效果。比如，李明等（2005）发现，中学生参与小组项目讨论可以显著提高其解决科学问题的能力。范静等（2010）也发现小学生参与小组学习后，其解决数学问题的能力明显提高
点评	该论文引用了社会学习理论的原著论文，并且参考了国内外相关研究发现，论据充实系统支持理论分析。此外，该论文找到了直接支持该理论框架可以解决研究问题的实证研究，进一步论证了理论分析的合理性

5.11 作者是否识别并讨论了所选理论（和框架）的局限性？

论文作者若能够审慎地识别并深入地讨论所采用理论框架的局限性，将对论文质量产生积极影响。首先，这种做法提升了论文的学术水平，反映了作者对理论框架的全面评估，而非盲目追随。其次，论文指出理论框架的局限性有助于避免过度绝对化，使读者能够更全面、深入地理解所采用的理论和框架。再次，对理论局限性的讨论也为未来理论的进一步完善和发展提供了空间，促进了理论的持续演进。最后，承认和讨论理论框架的不足能够增强论文的可信度，显示作者对研究客观性和透明度的重视。例如，作者是否探讨了该理论框架在实证研究中的支持情况，以及是否适用于教育学领域或所研究的目标群体层次？又如，是否提到了某些理论在研究学前儿童方面的局限性，或者其在大学生研究中的适用性问题。通过讨论这些局限性，读者可以更全面地了解研究结果的可靠性和推广性，增进和提高对研究的理解和评价水平。

理论框架案例分析

自我决定理论是一种心理学理论，强调个体在行为和决定中的内在动机和自主性。在研究中国高校教师的知识隐藏现象和动机时，选择自我决定理论作为理论框架具有一定的合理性和适用性。

首先，自我决定理论关注个体内在动机的驱动力，强调个体对行为的自主选择和内在价值观的影响。在研究知识隐藏现象和动机时，了解高校教师的内在动机和自主性可以帮助揭示其知识分享和隐藏行为背后的真实动机。通过自我决定理论的视角，可以深入探讨高校教师在知识分享和隐藏行为中的内在动机和价值取向，为研究提供更深入的理解和解释。

其次，自我决定理论还强调个体的需求满足和自我实现，关注个体对行为的内在动机和目标的追求。在研究中国高校教师的知识隐藏现象和动机时，自我决定理论可以帮助研究者理解高校教师在知识分享和隐藏中的需求和目标，揭示其行为背后的动机和意图。通过自我决定理论的分析，可以更好地理解高校教师的行为模式和决策过程，为研究提供深入的洞察和解释。

综上所述，选择自我决定理论作为研究中国高校教师知识隐藏现象和动机的理论框架是合理的。这一理论框架能够帮助研究者深入探讨高校教师行为背后的内在动机和自主性，揭示其知识分享和隐藏行为的真实动机和意图，为研究提供更深入的理解和解释。因此，自我决定理论在研究中国高校教师知识隐藏现象和动机方面具有一定的适用性和解释力。

【参考答案见 P.231】

评价理论框架的标准见表 5.7。

表 5.7　评价理论框架的标准

评价标准	是	不确定	否
1. 是否简述了理论框架的相关理论基础？			
2. 是否解释了理论框架是原创、改编还是直接引用？			
3. 是否详细描述了该理论框架的构造和逻辑？			
4. 是否列举了该理论框架为何适用于本研究的多个原因？			
5. 是否准确罗列了该理论框架在本论文中的作用和功能？			
6. 是否清晰、准确地呈现了理论框架图示？			
7. 作者是否对所选理论进行了深入的探讨，包括其起源、发展以及在教育学中的应用？			
8. 作者是否能够将不同的理论有效地整合，形成一个综合性的分析框架？			
9. 作者是否提出了新的理论视角或对现有理论进行了创新性的扩展？			
10. 作者是否提供了实证研究来支持理论框架的有效性？			
11. 作者是否识别并讨论了所选理论（和框架）的局限性？			

6 如何评价研究方法

研究方法（Research Methods）是指研究者在进行研究过程中采用的特定方法、技术和程序，以收集、分析和解释数据来回答研究问题或测试假设。研究方法是研究的关键组成部分，它们对于研究的设计、实施和结果的可信度都至关重要。

在广义上，研究方法包括了一整套在研究中使用的技术、策略和步骤，以获取关于特定课题的信息。例如定性方法、定量方法、文献综述、案例研究、实验设计、调查研究等。广义的研究方法涵盖了各种数据收集和分析技术，以及研究设计的选择和执行。

在狭义上，学术论文中的"Methods"或"Methodology"通常指的是一个研究的具体步骤和程序，用于描述研究的实施方式，以及数据的收集和分析方法。学术论文中的方法部分通常包括以下几个主要组成部分：

（1）研究设计（Research Design）：这一部分描述了研究的整体设计，包括研究类型（定性、定量、实验、调查等）、研究范围和目标，以及数据收集的时间框架。

（2）样本选择和招募（Sampling and Recruitment）：描述了如何选择研究的样本，包括样本的规模、抽样方法以及招募参与者的方式。

（3）数据收集方法（Data Collection Methods）：这一部分详细描述了数据的收集方式，包括实验、调查问卷、访谈、观察等，以及数据收集工具的设计和使用。

（4）数据分析方法（Data Analysis Methods）：描述了用于处理和分析收集的数据的方法，例如统计分析、质性分析、内容分析等。

（5）研究工具和仪器（Research Instruments and Equipment）：描述了用于数据收集的具体工具、设备或软件，以及它们的使用方式。

（6）数据验证和可信度（Data Validation and Reliability）：讨论了确保数据质量和可信度的方法，包括验证数据的方法和检验研究结果的可靠性。

（7）数据处理和结果呈现（Data Processing and Presentation of Results）：描述了数据处理的步骤，以及研究结果的呈现方式，通常包括图表、图像、表格等。

（8）伦理和道德考虑（Ethical and Moral Considerations）：讨论了研究中涉及的伦理和道德问题，包括参与者的知情同意、隐私保护和数据保密性等方面的考虑。

量化研究与质性研究的区别

量化研究与质性研究是研究方法论中两个重要的研究范式。它们在研究对象、数据收集与分析方式上存在明显差异，对研究问题的理解和解答也有不同的贡献。

量化研究注重对大量样本的统计分析。它通过设计标准化的问卷和测验，从大量个体中收集可以计量和统计的数据。这些数据主要采用描述性统计和推断统计等方法进行分析，得出定量结论，如两个变量之间的关系强弱程度。量化研究擅长总结规律和测试假设，但难以深入个案本身。

相比之下，质性研究的样本量较小，通常采用个案研究或小组深入访谈的方式收集语言资料。这些资料呈现为文本记述，难以直接进行统计分析；但它可以帮助研究者以开放和探索的态度，深入理解个案的内在逻辑和含义。通过比较和归纳不同个案，研究者可以发现新的概念和主题，从而对问题有更深入的理解。

　　总之，两种研究方法各有长处。合理结合它们，可以既利用量化研究总结规律的优势，也借鉴质性研究理解个案的优势，从而更全面和深入地解答研究问题。由于量化研究与质性研究的结构和内容略有不同，因此在本章将分成 A 和 B 两部分呈现。研究中使用了量化研究设计的部分可以参考 A 标准，而使用了质化研究设计的则可以对照 B 标准。如果使用结合了量化与质性的混合研究范式，则需要两套标准都比对，见表6.1。

表 6.1　质化研究与量化研究区别

区别项	量化研究	质性研究
研究对象	大量个体	少量个体 / 个案
数据收集方式	问卷调查、测试	深入访谈、观察记录
研究目的	测试假设、解释关系	理解内在含义、探索问题
数据类型	可计量数据	非结构性资料
数据分析方法	统计分析	主题归纳分析
研究结果	定量指标表征	概念、主题表征
研究特征	概括性、推论性	个案理解、概念发掘

6.1A 研究设计是否有效回答了研究问题？

在量化研究中，研究设计主要包括实验研究、问卷调查、相关性研究、因果对比研究和个体研究[①]。一个好的研究设计，其关键在于选择合适的研究方法，能够有效回答研究问题。如果研究问题是探讨一项新教学方法的效果，那么实验设计将是最佳选择。它可以明确控制变量和实施干预，更有效评估教学方法的影响；而如果研究问题是调查教师的一般教学观点，那么问卷调查将可能是一个更好的选择，它可以收集大量教师的观点数据。相反，如果使用问卷调查来评估一项实验性教学方法，由于难以控制变量，则可能无法给出可靠的结论。

总之，在评价这个标准时，重点看研究是否选择了一个能根据研究问题特性有效收集和分析数据的量化研究设计，如实验、问卷、案例分析等，只有这样的设计才能真正回答研究问题。

6.2A 是否给出明确的依据说明为何选择该设计？

在评价研究设计是否有效回答研究问题时，另一个重要的方面为是否给出了为何选择该设计明确的说明。选择一个合适的研究设计需要考虑研究问题的性质、研究目的以及研究者的资源和能力。因此，研究者在论文中应该清晰地解释选择特定研究设计的原因。

比如，在实验设计中，研究者可能会解释为何选择实验设计来评估某一教学方法的效果。他们可能会提到先前的研究表明实验设计能够为因果关系提供更强的支持，而且能够更好地控制潜在的干扰变量。此外，研究

[①] Mills, G. E., & Gay, L. R. (2016). *Educational research: Competencies for analysis and applications*. Pearson.

者可能会强调他们的研究团队具有实验研究所需的专业知识和资源。

对于问卷调查设计，研究者可能会说明为何选择此设计来调查教师的观点。他们可能会提到问卷调查能够高效地收集大量数据，并且适用于研究大规模样本。同时，研究者可能会解释为何认为教师的观点对于研究问题至关重要，并且问卷调查是获取这些观点的合适方法。

在给出明确的依据说明时，研究者应该提供相关的文献支持、理论基础或者实践经验，以确保读者能够理解并接受选择特定研究设计的合理性。这样能够增强研究的可信度和说服力，对于论文的质量评价具有重要意义。

6.3A 样本量是否充足？

样本量（Sample Size）指的是在研究中所选取的研究对象的数量[①]。也就是说，在进行研究时，我们无法观察或测量整个研究对象的群体（Population），而是选取其中一部分作为样本来代表整个群体。这个选取的部分就叫作样本。

样本量是研究中非常重要的一个概念，它直接影响到研究结果的可靠性和代表性。样本量越大，越能够反映整个群体的特征。相反，如果样本量太小，可能无法充分代表整个群体，研究结果也可能存在偏差。

举个例子，如果想了解某个城市的居民对某项政策的态度，我们无法去访问每一位居民，而只能选取一部分居民作为样本进行调查。这个样本的数量就是样本量。样本量越大，我们就越能够准确地了解整个城市居民的态度。样本量影响研究的主要原因有以下几点：首先，较大的样本量可以更好地代表总体分布，从而减少样本本身不足导致的偏差。样本越多，

---

① Mills, G. E., & Gay, L. R. (2016).*Educational research: Competencies for analysis and applications*. Pearson.

其特征就越可能接近总体，真实程度越高。其次，大样本量意味着有更多的数据可以支持统计分析。只有充足的数据，我们才能通过参数检验等方法加以验证，得出更可靠的结论。样本越多，统计效力就越高，结论的可信度也会越高。再次，大样本还可以支持我们进行各种细分分析，比如按年龄、性别等因素进行分组比较，拓展研究的深度。小样本很难做到这一点。最后，大样本能有效减少随机误差对结论的影响。总体越大，随机波动就越小，结论的稳定性也就越高。

只有样本充足，研究结果才可能真正具有普遍意义，且更易于重复和验证。这不仅提高了研究的科学性，也更有利于理论的进一步发展。所以，在研究设计阶段，我们应该重视样本的数量问题，确保它具有足够的统计效力。这将有助于获得可靠和科学的研究成果。在量化研究中，不同类型的研究对样本量的需求是不同的。以下是一些关于样本量的一般指导原则：[①]

（1）对于相关性研究、因果比较研究和真实实验研究，一般建议样本量至少为 30。这个数字被认为是一个指导原则，用于确立关系的存在与否。

（2）对于因果比较和真实实验研究，建议每组（如治疗组和非治疗组）至少有 30 名参与者，尽管在某些情况下可能难以达到这个数字。

（3）对于调查研究，通常会对人口的 10% 至 20% 进行抽样，但实际上，合适的样本量取决于多种因素，如研究类型、人口规模以及是否需要对特定子群进行数据分析。

（4）根据人口规模的大小，可以采用以下一般规则来确定样本量：

①对于较小的人口规模，如 $N=100$ 或更少，抽样意义不大，应调查整

---

① Mills, G. E., & Gay, L. R. (2016).*Educational research: Competencies for analysis and applications*. Pearson.

体人口。

②如果人口规模为 500 人左右，应抽样 50%。

③如果人口规模为 1500 人左右，应抽样 20%。

④超过一定规模（约为 $N=5000$），人口规模几乎无关紧要，样本量为 400 就足够。

总的来说，以上数字或百分比是建议的最低标准。如果可能的话，应尽量获取更多参与者。即使是在非常大的样本中，研究者也可能出现样本偏差，导致研究结论错误。因此，在确定样本量时，需要综合考虑研究目的、人口规模和其他相关因素，以确保研究结果的可靠性和代表性。

6.4A 样本于目标研究对象的总人口而言是否有代表性？

样本的代表性（Representativeness）是指样本是否能够真实地反映总体的特征和规律，它对研究质量和结论的可靠性有着极为关键的影响。首先，只有样本具备较高的代表性，研究结果才能够推广到总体。其次，高度代表性有助于减少因样本选择而引入的系统误差。最后，样本具有良好的代表性能够帮助发现总体内部隐藏的规律和联系。为了提高样本的代表性，研究者通常采取多种方法。第一，采用概率抽样方法，例如简单随机抽样，可以确保每个样本单位的选入概率相同，从而增强样本的代表性。第二，保证样本的分布与总体在重要变量（如性别、年龄等）上的比例相近，以确保样本的代表性。第三，广泛涵盖总体不同特征的个体，避免样本选择偏差，确保样本的代表性。第四，样本量的大小也至关重要，既要足够代表总体，又要保证统计效力。第五，在样本收集之后，还可以对样本进行后期调整，弥补初步样本在某些变量下的不足，以进一步提高样本的代表性。然而，在实际研究工作中，确保样本的充分代表性往往受到一些限制和束缚。

　　一是资源限制可能会影响大规模样本的获取，因为获取大规模样本需要投入更多的人力物力资源，这对许多研究来说难以实现。二是时间也是一个因素，因为完成研究任务需要在有限时间内完成所有工作，难以进行长期的大规模样本收集。三是样本获取的难度也是一个挑战，对于某些特殊人群或环境，直接获取样本可能较为困难，如隐蔽人群等。四是样本合作程度也会影响有效样本量，因为部分样本个体可能不愿意或不方便提供信息。对于某些研究对象，如实验动物等，也难以进行真正随机的样本选择。五是在实际操作过程中，难免会带入个人因素影响样本选择，从而引入样本选择偏差。六是统计学、伦理、地域文化和政策法规等方面的限制，也可能在一定程度上影响样本的充分代表性。

　　假设我们进行一项关于学生学业成绩与家庭背景关系的研究。在这个案例中，我们希望了解学生的学业表现与他们的家庭环境之间是否存在关联，以及这种关联的性质。首先，我们需要确保所选取的样本代表了我们感兴趣的总体——所有学生群体。为了达到这一目的，我们可以采用概率抽样方法，例如简单随机抽样，以确保每个学生有相同的机会被选入研究。具体来说，就是从整个学校的学生名单中，采用随机的方式抽取样本。比如可以给每个学生编号，然后使用随机数字生成器，随机选择一些编号对应的学生作为样本。其次，我们需要确保样本中的学生在重要变量方面与总体相似，例如在性别、年龄、种族、经济背景等方面的比例。这样做可以减少样本选择引入的偏差，从而增强研究的可信度和推广性。如果学校里男、女生的比例是 1∶1，那么我们的样本也应该接近这个比例，而不能全是男生或全是女生。如果我们选择的样本在某些重要变量上与总体有较大差异，那么我们得出的结论可能只适用于这个特定的样本，而不能推广到整个学生群体。最后，我们还应该确保样本数量足够大，以便代表整个学生群体并确保统计分析的效力。如果样本量过小，那么我们可能无法检测到真实存在的关系或差异，从而导致结论不可靠。

究竟多大的样本量才是合适的呢？资深教育研究专家 Mills 和 Gay 给出了以下建议：首先，研究者需要考虑总体规模与样本规模之间的关系。一般来说，总体规模越大，所需的样本比例就越小。对于较小的总体，比如100人以下，其实没有必要进行抽样，直接调查整个总体就可以了；对于中等规模的总体，比如500人左右，研究者应该抽取50%作为样本；而对于较大的总体，比如1500人左右，20%的样本量就足够了；当超过一定规模，比如5000人左右，总体规模就不太重要了，400人的样本量即可满足研究需求。这意味着，即使总体规模有所变化，也不会对研究结果产生太大影响。不过，这些只是建议的最低标准。如果条件允许，研究者应该尽可能增加参与者的数量，以提高研究结果的可靠性和代表性。

6.5A 抽样方法是否妥当？

在量化研究中，抽样（Sampling）是指从总体中选择部分样本用于研究的过程。抽样方法的选择严重影响研究的可靠性和代表性。按照抽样是否随机性，可以分为随机抽样（Random Sampling，也称作概率抽样，Probability Sampling）和非随机抽样（Non-Random Sampling，或非概率抽样，Non-Probability Sampling）。

随机抽样是一种从总体中以完全随机的方式抽取样本的方法。在随机抽样中，每个个体被抽取的概率是已知的，通常是相等的。这样可以确保样本具有代表性，研究结果可以推广到总体。由于样本具有代表性，研究者可以使用统计推断方法进行分析，结果也具有统计学意义。

相比之下，非随机抽样是一种采用非随机方式选取样本的方法。在非随机抽样中，每个个体被抽取的概率是未知的，可能存在一定的偏差。这样就会导致样本可能不具有代表性，难以推广到总体。同时，由于样本缺乏代表性，研究者无法使用统计推断方法进行分析，结果也缺乏统计学意义。

　　总的来说，随机抽样能够确保样本的代表性和研究结果的可靠性，非随机抽样则存在一定的局限性。在实际研究中，研究者需要根据研究目的和实际情况选择合适的抽样方法。

　　常见的随机抽样方法包括简单随机抽样（Simple Random Sampling）、系统抽样（Systematic Sampling）、分层抽样（Stratified Sampling）、配额抽样（Quota Sampling）、集群抽样（Cluster Sampling）。简单随机抽样是一种从总体中随机抽取样本的方法，每个个体被抽取的概率相同。研究者可以使用随机数表或电脑随机数生成器进行抽取。这种方法的优势在于，研究结果具有代表性，可以推广到总体，且分析相对简单。以校园欺凌问卷调研为例，研究者可以从全校学生中随机抽取一定数量的学生进行问卷调查。这样可以确保研究结果具有代表性，反映全校学生的情况。

　　分层抽样是将总体划分为不同的层（如性别、年级等），然后在每个层内进行简单随机抽样。这种方法的优势在于，能够确保各层的代表性，提高抽样的精度。在总体内部存在明显差异的情况下，分层抽样特别适用。在校园欺凌问卷调研中，研究者可以将学生按年级或性别划分为不同的层，然后在每个层内进行简单随机抽样。这样可以确保各年级或性别群体的代表性，更好地反映总体情况。

　　集群抽样是将总体划分为若干个集群（如班级），然后随机抽取部分集群进行调查。这种方法的优势在于，适用于地域分散的总体，可以降低调查的成本。在校园欺凌问卷调研中，研究者可以将学校划分为若干个班级，然后随机抽取部分班级进行问卷调查。这样可以降低调查成本，适用于学校规模较大的情况。

　　系统抽样是按照一定的间隔（如每隔 5 个）从总体中选取样本。这种方法的优势在于——操作简单，可以确保样本分布均匀。在校园欺凌问卷调研中，研究者可以按照一定的间隔（如每隔 3 个学生）从学生名单中选取样本进行问卷调查。总的来说，不同的抽样方法有其适用的场景和优势，研究者需要根据具体情况选择合适的方法，以确保调查结果的代表性和可靠性。案例见表 6.2。

表 6.2　错误使用随机抽样的案例

案例	为了了解某城市高中生的学习情况，笔者选择了该城市某一区域内声誉较好的重点高中进行研究。由于时间和资金有限，笔者决定采用随机抽样的方式，从该校全体高三学生中随机抽取 50 名学生进行问卷调查
点评	这项研究采用的是便利抽样，而非随机抽样。研究者仅选择了该城市某一区域内的一所重点高中，并调查了该校学生的学习情况，这显然无法代表该城市所有高中生的整体情况。便利抽样是一种非概率抽样方法，研究者主要根据样本的可获得性和便利性进行选择，而不是随机抽取。这种方法存在明显的抽样偏差，样本无法真实反映总体的特征。 　　在这个案例中，重点高中学生的学习情况与普通高中学生存在较大差异，研究者仅调查重点高校学生，得出的结论缺乏代表性和可推广性。因此，这项研究存在严重的方法论问题。研究者应该采用更科学的抽样方法，如分层抽样或集群抽样，以确保样本具有代表性，从而得出更可靠的研究结论

在理想情况下，研究者应该采用概率抽样方法，如随机抽样，以确保样本具有代表性。然而，现实中研究往往面临各种限制，比如时间、成本、资源等因素的制约。在这种情况下，研究者可能不得不采用非随机抽样的方法。非随机抽样方法包括三种主要类型：便利抽样、目的性抽样和配额抽样。便利抽样是指选择当时可获得的受试者；目的性抽样是指选择研究者认为能代表目标群体的样本；配额抽样是指根据不同特征的人数比例选择样本。

举例来说，在研究家校矛盾这个议题时，研究者可能会面临一些现实限制，无法采用严格的随机抽样方法。比如，要想随机抽取一个具有代表性的家长样本进行调查，需要先获得学校的家长通信录等信息，这可能会受到隐私保护的限制，而且，即使能获得家长名单，要联系和邀请他们参与研究也需要大量的时间和人力成本。

在这种情况下，研究者可能会采用便利抽样的方法。具体做法是，选择在某个学校的家长会或者学校活动现场，直接邀请前来参与的家长进行问卷调查或访谈。这样虽然无法保证样本的代表性，但至少能够快速获得一些家长的反馈信息。

当然，研究者在使用这种便利抽样方法时，需要谨慎地讨论样本的局限性。比如，他们可以分析参与家长的背景特征，看是否存在某些偏差，如是否缺乏某些群体的代表性。同时，在解释研究结果时，也要明确说明这些局限性，不能过度推广。

6.6A 使用的问卷是否常被引用的权威问卷？

问卷作为量化研究重要的数据收集手段，其质量直接影响研究结果的可靠性。使用经过长期验证和应用的权威问卷，可以避免自己设计问卷时存在的主观因素和技术缺陷。这些权威问卷在内容和结构方面已经通过大量前期研究论证其有效性和可靠性。此外，采用常用问卷还可以实现不同研究结果在一定程度上的数据可比性。这对于长期跟踪监测和趋势研究尤其重要。例如使用 PISA 试题可以与国际学生能力水平进行更好的对比。同时，这些问卷项目在研究方法方面也经过深入探讨，其背后的理论框架和统计分析方法也为后续研究提供了参考。这可以帮助新手研究人员提高研究质量。

如果使用了权威问卷，作者应当在研究中明确说明所使用的问卷名称、版本号、出处等信息，以便读者了解数据的来源和可靠性。同时，作者还应该简要介绍所使用问卷的特点和适用范围，以便读者更好地理解研究结果的含义和局限性。

当引用国外的问卷时，我国研究者应该注意几个重要的方面。第一，文化适应性调整。国外问卷可能存在文化差异，需要结合我国的文化背景进行适当的修改和调整，确保问卷内容和表述更贴合本土情况。第二，语言翻译。需要将国外问卷从原语言翻译为中文，并进行反复校对，确保语义表达准确无误。第三，在正式使用问卷前，还应该先进行小规模预试验，检查问卷的适用性和可理解性，并根据反馈进行必要的优化。第四，即便是权威问卷，在引入新的文化背景时也需要重新评估其信度（一致性）和效度（准确性），确保其在本土环境下仍具有良好的心理测量特性。这对于提高研究结果的可靠性非常重要。在解释使用国外问卷得到的研究结果时，研究者还需要结合我国的文化背景和社会特点进行分析对比，谨慎推广。第五，在论文中应该详细说明所使用问卷的出处、修改情况，以及信效度检验结果，让读者了解数据的来源和可靠性。

假设一位中国研究者想要使用美国心理学家开发的"生活满意度量表"来评估中国大学生的主观幸福感。首先，研究者需要对原版问卷进行文化适应性调整。因为中国和美国在价值观、生活方式等方面存在差异，直接使用原版问卷可能无法完全反映中国大学生的实际感受。研究者可以邀请相关领域专家，根据中国大学生的生活实际情况，对量表的题项进行适当修改和补充。其次，研究者需要将问卷从英文翻译成中文，并进行多轮校对，确保语义表达准确无误。再次，还应该在小规模样本上进行预试验，了解被试者对问卷的理解程度，并根据反馈进一步优化问卷内容和表述。从次，研究者需要评估翻译后问卷在中国大学生群体中的信度和效度。可以通过统计分析方法，检验量表的内部一致性、结构效度等，确保其测量特性符合要求。最后，在解释研究结果时，研究者还需要结合中国大学生的文化背景和生活实际，谨慎地将结果与美国大学生进行对比分析，避免简单推广。同时，在论文中要详细说明所使用问卷的来源、修改情况，以及信效度检验结果，增强研究结果的可信度。

6.7A 使用的问卷是否提供了信度和效度参数？

问卷的信度和效度是衡量问卷质量的两个重要指标。信度反映问卷各项测量是否具有一致性，衡量同一概念是否能得到相近结果，也称稳定性。常用 Cronbach α 系数（克隆巴赫系数）来计算，α 值越高，表明项目间相关性越强，信度越好。一般来说，α 值大于 0.7 表示信度高、小于 0.6 表示信度低。看效度测试问卷是否真正衡量了它需要衡量的概念，包括内容效度和构念效度。内容效度看问卷内容是否全面反映概念域；构念效度通过因子分析看项目是否正确加载在相应的概念因子上。

这两个指标对评价问卷质量至关重要。高信度与高效度能保证问卷结果的可靠性，从而支持研究结论。在问卷设计阶段，需要通过专家评议和小样本试验来优化这两个指标。在正式应用后也需检验，指标低需要改进问卷。总体来说，信度 α 值在 0.7 以上，效度各项目加载在对应因子上，问卷质量才能称得上高。

首先，问卷作为教育研究的主要数据收集工具，其质量直接影响研究结果和结论的可靠性。只有通过信度和效度这两个重要指标来评估问卷质量，才能保证收集到的研究数据真实反映被调查对象的真实态度和情况。其次，报告问卷信效度检验结果还可以起到验证论文论证研究方法科学性的作用。这不仅可以让读者了解研究工具的质量达到了什么水平，更重要的是可以证明研究本身采取的方法是严谨和可靠的。最后，提供这些检验结果也很有利于其他研究者复制或扩展该研究。如果问卷质量信息不透明，对比结果将难以产生的可比性。这也是国际上教研论文的一个重要组成部分。

6.8A 原创问卷是否经过了试测或专家评议？

如果采用自编问卷进行教育研究，则需要特别注意问卷的信度和效度问题。首先，自编问卷的项目设置很难保证内容代表性和面对性。这可能会影响信度。因此，需要经过论文专家和相关领域教师的反复讨论修改，以确保项目覆盖研究问题的各个方面。其次，自编问卷缺乏初步效度检验。这可能会导致个别项目表述不清或测量指标不一。应采取小规模预测试，收集反馈修改问卷项目表述。再次，自编问卷还需要采用信度和效度检验的定量方法进行评估。例如，通过内部一致性检验评估信度，通过因素分析和相关分析评估构念效度。只有通过这些检验，才能证明问卷质量达标。最后，应在论文中详细报告问卷编制过程中各项质量控制措施，例如：咨询专家意见次数、预测试规模、信效检验方法和结果等。

问卷调查中的试测，是指在正式实施问卷调查前，对问卷进行小规模预测试。这对保证问卷质量和调查效果非常重要。试测的目的是检验问卷是否清晰易懂，项目顺序和表述是否合理，是否存在问题和歧义等。一般选择 10～30 人作为试测对象，这些人应与正式样本具有类似背景特征。试测采用思考出声法，要求被试者在回答过程中指出任何问题和困惑。同时记录其完成问卷的时间，这对调整项目量也很重要。试测结果需要对问卷进行必要修改，以解决问题。例如可以增加说明、调整项目顺序或修改表述等。

专家评议指让与研究主题和问卷设计有关的专家对问卷内容和结构进行评估。专家可以是该领域的教授或从业人员等，其专业知识和经验可以保证问卷内容的代表性和面对性。选择专家时应考虑其学术水平和该领域的资历深度。评议过程中，专家根据研究目的对项目内容进行点评，并提出修改意见，通过试测和专家评议可以有效提高问卷质量。这可以证明问卷开发的科学性与严谨性。案例见表 6.3。

表 6.3　问卷设计过程撰写案例

案例	我们研究的是大学生网络学习态度，设计了一个包含 30 多个项目的问卷。 　　首先，试测方面，我们选择了 15 名同校不同专业的大一新生进行试测。他们在完成问卷的同时，会指出任何词汇或表达不清晰的地方。通过试测我们发现，有几个涉及网络技术的词没有解释清楚，给部分学生理解产生困难。此外，有两个项目顺序不妥，易产生歧义。我们根据试测反馈进行了修改。 　　其次，专家评议方面，我们邀请了两位网络教育专家和一位问卷专家进行评议。他们分别从内容和结构两个角度进行了细致评估。其中内容专家建议增加一个评价网络学习平台可靠性的项目，结构专家则建议调整两个项目的位置。我们记录并采纳了这些建议，并再次提交给三位专家确认修改是否恰当。 　　最后，我们根据试测和专家评议结果对问卷进行了必要的修订。比如增加和修改了个别项目表述，优化了个别项目顺序。这使得问卷的可操作性和内容代表性得到很大提升。我们相信这对以后的数据分析和研究结果都很有帮助
点评	首先，这段文字清晰地描述了研究者在问卷设计过程中采取的质量控制措施，包括试测和专家评议，并解释了这些措施如何提高问卷的质量。具体来说，文字详细描述了试测和专家评议的具体步骤，包括参与者人数、专家背景、评议内容等，这有助于读者了解研究者是如何进行质量控制的。此外，文字解释了试测和专家评议如何发现问卷的不足并进行修改。其次，修改项目表述、调整项目顺序等，这有助于读者理解质量控制措施的重要性。最后，文字表达清晰易懂，结构合理，逻辑性强，这有助于读者快速理解文章内容。 　　为了更全面地展示问卷的质量，建议补充一些具体的细节和结果。例如，可以补充一些试测和专家评议的具体结果，如试测中发现的具体问题和修改内容、专家提出的具体建议等。此外，虽然文字中提到了信度和效度检验，但没有具体说明检验结果。建议补充信度和效度检验的结果，如内部一致性信度和因素分析的结果。

6.9A 问卷的回收率是否在可接受的范围内？

问卷回收率（Response Rate）指的是问卷调查中有效问卷回收数占总发放问卷数的比例。它直接影响调查结果的代表性和可靠性，因此对评价问卷调查质量很重要。因为如果回收率过低，可能会产生非抽样误差，从而影响结论的普适性。虽然 Mills 和 Gay 推荐网上问卷回收率达到 50% 就可以接受，但发表在国内外优质期刊上的问卷调研通常回收率在 90% 左右。想要在优质期刊上发表问卷调查研究，仅仅达到 50% 的回收率可能不够。

问卷回收率不高的常见原因包括问卷设计不合理，导致时间过长影响回收意愿；样本选择不当，难以接触到对象；回收方式单一，如只发放而不跟进；问题敏感度高，导致对象回避；缺乏回馈机制，使得对象没有回报感。

例如在教育研究中，为了提升问卷回收率，教师和学生可以采取一些方法。首先，优化问卷结构，缩短填写时间，以减轻受访者的负担。其次，采用多渠道回收的方式，如结合线上和线下方式进行回收，以提高问卷的覆盖率。再次，提供回馈也是一种有效的方法，例如通过抽奖或赠送小礼品来激励受访者参与。从次，在发放问卷时，说明问卷的目的和重要性，可以唤起受访者的参与感。最后，定期跟进和催答，可以增强受访者的责任感，促使他们尽快完成问卷。毕竟只有确保高回收率，问卷调查才能获得代表性结果，从而更好地服务教学和研究工作。

6.10A 是否提供了问卷的题目类型、数量、赋分方式和示例？

研究者应该清晰地说明问卷中包含的题目类型及数量。这包括对选择题、填空题、问答题等题目类型的描述，以及每种类型题目的数量。通过了解问卷的结构设置，读者可以更好地理解研究的数据收集过程，从而更好地评估数据的质量和适用性。在问卷描述部分提供问卷题目的赋分方式，可以帮助读者更好地理解问卷结果，便于进行数据分析，并提高问卷的信度和效度。

李克特量表是问卷调查中一种常用的测量方法，用于评估被试者对某个陈述或问题的态度或意见。它由一系列陈述组成，每个陈述都有五个或七个选项，表示不同程度的同意或不同意。

李克特量表最常见的有两种类型：五点量表和七点量表。五点量表通常使用以下选项：

（1）非常不同意；

（2）不同意；

（3）中立；

（4）同意；

（5）非常同意。

七点量表则使用以下选项：

（1）强烈不同意；

（2）不同意；

（3）有些不同意；

（4）不确定；

（5）有些同意；

（6）同意；

（7）强烈同意。

五点量表和七点量表的主要区别在于选项数量和细致程度。七点量表比五点量表更细致，因为它提供了更多选项来表达被试者的态度；而五点量表更容易理解和使用，因为它只有五个选项。李克特量表通常使用奇数选项，例如五点或七点，而不是偶数选项，例如四点或六点，主要是因为奇数选项可以提供一个中立选项，例如五点量表中的"中立"或七点量表中的"不确定"。这个中立选项允许被试表达他们既不赞成也不反对某个陈述的态度，这可以提高问卷的信度和效度。

研究者还应该描述赋分方式。详细而具体的赋分方式介绍，可以让读者更清晰地了解每个题目的权重，从而更好地理解问卷结果的含义。如果一个题目使用李克特五点量表，那么读者就可以知道选择"非常同意"的选项比选择"同意"的选项得分更高，从而更准确地判断被试对该题目的态度。此外，提供题目示例是帮助读者初步了解问卷内容和质量的有效途径。

在描述问卷的每个维度时，研究者还应该给出至少一道题目的示例。这样一来，读者可以更直观地了解问卷的设计和内容，以及问卷是否能够有效地测量研究问题。案例见表6.4。

表 6.4　研究方法描述的案例

	《家长参与对小学生学习成绩和态度的影响》
案例	1. 样本选择 　　本研究选取了北京市丰台区 3 所小学的三年级学生作为样本。通过随机抽样的方法，共抽取了这 3 所小学的 150 名三年级学生。根据家长参与问卷调查结果，将样本分为家长参与程度高组和低组，每组各 75 名学生。 　2. 研究工具 　　（1）家长参与问卷由 5 个维度 15 个项目组成，包括陪读时间、家长会参与、课后辅导、学校互动和学习氛围等。每项采用五点量表进行评分。 　　（2）学习态度问卷包括学习兴趣、学习效率和主动学习 3 个维度，共 12 个项目，同样采用五点量表评分。 　　（3）学生期中考试成绩作为学习成绩指标。 　3. 数据收集 　　首先，对所有家长进行问卷调查，并根据结果将样本分组。其次，在学期期中考试后，给所有学生发放学习态度问卷；同时收集各学生的期中考试成绩数据
点评	在问卷描述部分，研究者并未说明问卷的来源，是引用权威问卷还是自编，信度、效度分别是多少。研究者也没有提供具体的题目示例，这可能会影响读者对问卷内容和质量的初步了解。此外，五点量表的选项具体是什么，也需要进行一定的说明

6.11A 问卷数据的收集过程是否详细透明？

问卷数据的收集过程主要是指问卷从招募被试直到回收所经历的具体步骤、环节以及便于读者对研究者建立信任感的细节描述。根据个人经验，国内外优质实证研究通常会包含以下几个方面的介绍。

首先，被试是如何招募的。例如可能需要提及：研究者以什么样的方式，使用了什么工具，设计了什么样的内容或文案，怎样联系到了被试，而被试中有多大比例同意参与该研究。国外有些研究甚至精确到了具体的日期，例如 2023 年 10 月，本研究的第二作者首次联系 A 学校校长，A 校长遂介绍了另外有兴趣参与研究的校长 B、C、D；2023 年 11 月 15 日，确认共有四位校长参与关于校园欺凌的研究中。2024 年 1 月，其中 C 校长因为学校安排，后面退出了研究。2024 年 2 月 12 日至 15 日，线上问卷平台开通，A、B、D 三所学校的家长被邀请参与问卷填写，截至平台关闭，共回收问卷 1234 份，无效问卷 34 份，最终有效问卷 1200 份。相反，如果研究者仅仅描述问卷一共发放了多少份、回收了多少份，则缺少足够的细节让读者判断其可信度。事实上，根据学科和期刊要求的不同，部分细节可以省略（如为满足篇幅限制的要求），但在字数允许的情况下，研究者应该尽可能多地提供提升研究可信度的研究细节。

其次，研究者需要汇报伦理审查表是什么时间通过的，编码是多少，由什么机构审查通过，以便辅助期刊编辑、审稿人与读者判断该研究是否符合伦理要求。这种情况主要针对以人类为研究对象的实验研究。具体是指以人类为研究对象，进行干预或观察性研究。这类研究需要特别注意伦理问题，因为研究可能会对被试造成伤害或影响其隐私。因此，研究者需要在进行这类研究之前获得伦理委员会的批准。问卷研究虽然不像实验研究那样直接对被试进行干预，但仍可能涉及一些伦理问题。第一，研究者需确保获得被试的知情同意，告知他们研究目的、方法、数据收集和使用方式，以及其权利和义务。第二，问卷研究可能涉及收集敏感信息，如个人资料、健康状况和心理状态，研究者应保护被试的隐私和数据安全。第三，问卷研究可能会给被试带来好处，但研究者不能以损害被试利益为代价谋取自身利益。第四，问卷研究可能将数据公开，研究者需确保公开不会损害被试的权益。

再次，如果是纸质问卷，研究者可能还需要汇报问卷的发放和收集过程。具体而言，研究者应描述问卷的发放方式，包括发放人（以及与研究者的关系）、发放时间和地点，以及如何保证问卷回答的客观性（如监督者是否受过专业的训练？）。同时，研究者还应说明问卷的收集方式，包括收集时间和地点，以及如何确保被试填写的问卷能够及时收集并保密存储。通过清晰地描述问卷的发放和收集过程，研究者可以增加研究的透明度和可信度，同时确保问卷研究的科学性和伦理性。

最后，应说明问卷回收后的存储情况。研究者应采取一系列措施来确保数据的安全性和保密性。第一，应对收集到的问卷进行数据整理和归档，以确保数据的完整性和准确性。编号或标识符可用于对问卷进行分类和存储。第二，应采取必要的数据安全措施，如存储在密码保护的电脑或加密的存储设备中，并设制数据的访问权限，只允许授权人员查看和处理数据。第三，保密性保护也至关重要，研究者需确保被试填写问卷数据的机密性，不得泄露给未经授权的人员。采取匿名化或去标识化的方式处理数据可以有效保护被试的个人隐私。通过这些措施，研究者可以确保问卷回收后的数据存储安全可靠，同时保护被试的权益和隐私。

6.12A 实验研究是否使用了随机分配？

在实验研究中，随机分配（Random Assignment）能够消除可能导致结果偏倚的外部因素，从而确保实验组和对照组在实验开始前具有相似的特征和属性。简言之，随机分配可以使得实验组和对照组之间的差异源于实验处理，而非其他可能存在的混杂因素。因此，随机分配有助于确保实验结果的内部有效性和可靠性，使得研究者能够更加准确地评估实验处理对研究结果的影响。随机分配指的是将实验对象随机分配到实验组和对照组中。这意味着每个实验对象都有同等的机会被分配到任何一个组中，而不受到任何外部因素的影响。通过随机分配，研究者可以消除个体差异、选择性偏差和其他未知因素可能造成的影响，从而提高实验结果的信度和可靠性。然而，并非所有情况都能够进行随机分配。有时，由于实际情况的限制或出于伦理考虑，研究对象无法被随机分配到不同的实验组。例如，在某些教育实验研究中，随机分配可能受到学生个体差异、教师意愿和家长选择等因素的限制。在这种情况下，研究者需要寻找其他方法来处理这种不可避免的限制。

例如，在研究虚拟现实（VR）和增强现实（AR）对于提升学习兴趣的区别时，有时可能无法将两个班级的学生随机打乱，而只能在确保两个班多方面起点水平差不多的情况下，一个班随机分配为 VR，另一个班分配为 AR。研究者可以考虑以下控制变量和处理方法。

（1）学生基础水平：确保两个班的学生在学习前的知识水平和能力方面差异不大，可以通过学生的历史成绩、入学考试成绩等来评估。

（2）学生兴趣：考虑学生对于使用 VR 和 AR 技术的兴趣程度，可以通过问卷调查或观察学生在课堂上的参与度来评估。

（3）教学内容和方法：在两个班级中使用相似的教学内容和方法，以确保学习环境的一致性，避免其他因素对学习成绩和兴趣的影响。

通过控制这些变量，研究者可以减少实验组和对照组之间的混杂因素，从而更准确地评估 VR 和 AR 对学习兴趣的影响。这样可以确保研究结果的内部有效性和可信度，使得研究结论更具有说服力和实用性。

6.13A 如果使用了预实验设计，是否提供了充分的理由？

预实验研究（Pre-experimental Design）是一种比较初级的实验研究设计，常常用于探索性地评估某种干预措施对特定现象的影响，但缺乏严格的实验控制和对照组。具体而言，这种设计通常在初步阶段使用，以便在进行更严格的实验之前，对干预措施的效果进行初步评估。

预实验设计包括三种类型：一组唯后测设计（One-Group Posttest Only Design）、一组前后测设计（One-Group Pretest-Posttest Design）和有非等价组的后测设计（Posttest-Only Design with Nonequivalent Groups）[①]。其中，研究中相对比较接受的是第二种。

一组前后测设计：

（1）设计特点。研究者在实验开始前对实验组进行测量，然后在实验结束后再次对实验组进行测量，以比较实验前后的差异。

（2）用途。用于评估实验前后的变化，但没有对照组用于比较。

（3）示例。在教育学研究中，研究者想要了解参加某项教育培训项目的学生在培训前后的知识水平变化。研究者在培训开始前对学生进行知识测试，然后在培训结束后再次测试，比较两次测试结果来评估培训项目的效果。

预实验研究在下列情况下常被使用：首先，在研究的早期阶段，当研究者希望探索某种干预措施的可能效果时，预实验设计可以提供初步的信息。其次，当实验条件受到限制，如时间、资源或伦理因素等，无法进行完整的实验时，预实验设计可以作为一种替代方案。预实验研究的优点在于其简单直观，易于实施，并且能够在较短的时间内提供初步的效果评估。

---

① Mills, G. E., & Gay, L. R.(2016). *Educational research: Competencies for analysis and applications*. Pearson.

此外，预实验设计通常成本较低，适用于初步探索性研究。

例如，某位教师只负责一个班级的教学，他决定尝试运用 GPT 技术来提升学生的学习动机和心理健康。为了研究这一效果，他选择采用一组前后测设计进行实验。在实施 GPT 教学之前，教师对学生进行了学习动机和心理健康的测评，收集了前测数据。随后，在一个学期内，教师将 GPT 技术融入日常的课堂教学中。学期结束时，教师再次对学生进行学习动机和心理健康的测评，收集后测数据。通过数据分析，教师比较前测和后测数据，检验学生在学习动机和心理健康方面是否有显著提升。如果结果显示有显著提升，可以初步认为 GPT 教学对学生产生了积极影响；反之，如果没有显著变化，则说明 GPT 教学对学生的学习动机和心理健康没有明显改善作用。这一研究设计有助于教师了解 VR 技术在教学中的潜在影响，并为未来的教学改进提供有益的参考。

如果该教师决定把研究结果写成学术论文发表在优质期刊上，那么为了获得编辑、审稿人和读者的信任，他还需要做以下事情。

（1）充分说明无法进行随机分配的原因：解释为什么无法进行随机分配，并说明其对研究结果的影响。

（2）描述实验过程中如何控制可能的干扰因素：例如，教学时间、频率、活动流程、教学风格等。

（3）承认研究结果的局限性：在研究报告中承认准实验设计的局限性，并说明其对研究结果的影响。

6.14 A 使用的数据分析方式是否有效回答了研究问题？

例如在教育学研究中，常用的量化数据分析方法多种多样，包括但不限于描述性统计分析、相关性分析、回归分析、因子分析、聚类分析和多变量分析等。描述性统计分析用于总结和描述数据的基本特征，如平均值、标准差、频数等，以帮助研究者对数据有一个初步的认识。相关性分析用于评估两个或多个变量之间的关系强度和方向，如探究学习成绩与学习时间之间的关系。回归分析则可用于预测一个或多个自变量对因变量的影响程度，如研究某个教学方法对学生学业成绩的影响。因子分析可用于探索大量变量之间的潜在结构，以识别潜在的共性因素或维度，如识别影响学生学业表现的潜在因素。聚类分析则可将个体或变量分别组成具有相似特征的簇，以识别潜在的群体或模式。多变量分析则涉及多个变量同时分析，以探究它们之间的复杂关系，如结构方程模型用于同时评估多个变量对于某个潜在因变量的影响。这些量化数据分析方法在教育学研究中被广泛使用，可以帮助研究者深入理解教育现象和解决实际问题。

判断选择的数据分析方法是否适合回答研究问题是研究设计中至关重要的一环。研究者首先，需要审查自己的研究问题，明确研究目的和所要探究的现象。其次，应该考虑数据的性质和特征，以及可用的统计工具和技术。在选择数据分析方法时，研究者需要确保所选方法能够有效地处理所收集的数据，并且能够回答研究问题。

例如，探究教育干预措施对学生学业成绩的影响。在这种情况下，研究者可能会收集学生的成绩数据以及实施干预措施前后的数据。针对这个问题，研究者可以选择使用配对样本 t 检验或方差分析等方法来比较实施干预措施前后学生成绩的差异。这些方法可以帮助研究者评估干预措施对学业成绩的影响是否显著。

又如，探究不同教学方法对学生学习成效的影响。在这种情况下，研究者可能会设计一个实验，随机分配学生到不同的教学方法组中。针对这个问题，研究者可以选择使用方差分析或线性回归分析等方法来比较不同教学方法组之间学习成效的差异。这些方法可以帮助研究者确定哪种教学方法对学生学习成效有显著影响。

6.15A 是否提供了所属机构伦理委员会的审批及号码？

如前所述，IRB 的全称是 Institutional Review Board，中文翻译为机构审查委员会，也称伦理审查委员会或伦理委员会。它是一个独立的委员会，负责审查和批准涉及人类受试者的研究项目，以确保研究符合伦理规范，并保护受试者的权益。伦理审查是针对涉及人类参与者的研究项目进行的，其目的是确保研究符合伦理原则和法律规定，保护研究对象的权益和福祉。在进行人类研究时，研究者必须提交研究计划和相关材料给 IRB 进行审查，并在获得其批准后方可进行研究。IRB 审查通常涵盖诸如研究设计、风险评估、知情同意程序、数据管理和保护隐私等方面，以确保研究过程中人类参与者的权益得到充分尊重和保护。

期刊论文中提供审查号码通常是必要的，尤其是对于涉及人类参与者的研究。审查号码是指 IRB 对研究项目进行审查后颁发的唯一标识符号，通常包含在论文中以证明研究已经接受了伦理审查并获得了批准。提供审查号码有助于期刊编辑和读者核查研究是否符合伦理要求，保障研究的合法性和可信度。此外，一些期刊对于涉及人类参与者的研究甚至会要求作者在论文中提供完整的伦理审查报告，以确保研究符合伦理标准。假设有一项研究旨在探究儿童在家庭环境中的社交行为和心理发展之间的关系，要求儿童描述自己的家庭矛盾、个人情感问题或暴露个人隐私的问题可能会引发心理压力和情绪困扰。在这种情况下，IRB 的审查将确保研究设计不会对儿童的隐私造成侵犯，不会对其心理健康造成负面影响，同时也会评估研究的科学性和伦理合规性。通过 IRB 的审查，研究者可以得到指导和监督，确保研究对儿童的影响是正面、合法和有意义的。

6.16A 研究者是否汇报和遵循了必要的伦理要求？

教育研究中，遵循伦理规范尤为重要。主要的伦理要求包括以下几个方面。

征得参与者知情同意（Informed Consent）。在开展研究前，需要向参与者完整告知研究目的、过程、可能风险，并征得其书面同意。如果研究对象是未成年，则需要获得家长或监护者的知情同意。

保护参与者隐私。在收集和储存数据过程中，需要采取措施保护参与者个人信息和数据的安全性，禁止擅自将个人信息用于其他用途。

避免伤害参与者。研究设计和实施不得对参与者的身心健康和权益造成不良影响。如果存在风险，需要事先告知参与者并采取防范措施。

公正性原则。研究对象的选取不能基于种族、性别或其他个人属性而产生偏差。

报告真实性。研究结果的汇报和论文撰写需要真实客观地反映实际情况，不得捏造或篡改数据。案例见表 6.5。

表 6.5　描述研究伦理部分的案例

段落	本研究参与者的招募和知情同意程序如下：我们事先向每一位参与者发送知情同意书，详细说明研究目的、过程、可能的风险和隐私保护措施。参与者在完全了解研究内容后，需要在知情同意书上签名以示同意参与。在数据收集和处理过程中，我们使用参与者编码替代真实姓名和其他个人信息，以保护参与者隐私。所有电子数据和物理资料都采取加密和锁柜等安全措施进行存储
点评	整体而言，这个招募和知情同意程序是严谨、合规的，为研究的伦理合规性和数据安全性提供了有力保障

6.17A 研究过程是否足够详细透明以至于其他研究者可复制？

研究的透明度和可复制性是评价研究质量的重要标准之一。研究透明度指研究过程、数据和结果的报告应充分明确，没有隐瞒和不清晰之处。研究方法、假设、分析流程和结果解释应清晰描述。研究可复制性指提供足够的细节信息，其他研究者可以基于这些信息进行复制研究工作；公开原始数据和研究工具，如问卷、调查表格、统计软件代码等；记录并报告所有重要决策依据，如样本选择标准变更等。高透明度可以帮助其他研究者审查研究过程和结果的科学性；提高研究结果的可靠性和可信度。高可复制性可以让结果能够被独立验证和复制；促进知识的传播和应用。案例见表6.6。

表 6.6　描述数据收集过程的案例对比

案例一	本研究采用了问卷调查的方式来收集数据，以评估高中生学习动机的影响因素。首先，我们联系了三所高中，分别位于不同地区，以确保样本的代表性和多样性。其次，我们向学校行政部门和教师介绍了研究的目的和程序，并征得了他们的同意和支持。再次，我们设计了一份包含多个量表的问卷，包括学习动机量表、自我效能量表和学业成就期望量表等。问卷内容经过专家评议和试测后进行了修订和完善，以确保其内容的有效性和可靠性。在实施调查时，我们安排了特定的时间和地点，向学生发放问卷，并且在整个调查过程中提供了必要的说明和指导。学生们在填写问卷时被告知他们的参与是自愿的，他们的回答将被保密处理，并且不会对他们的学业产生任何影响。最后，我们在数据收集结束后，对所有问卷进行了检查和清理，确保数据的完整性和准确性。
案例二	我们使用了问卷调查来收集数据，并向高中生分发了问卷。学生们在填写问卷时被告知他们的参与是自愿的，他们的回答将被保密处理。我们在三所高中进行了调查，每所学校都在不同的地区。问卷包含了一些问题，但我们认为这些问题是有意义的。在实施调查时，我们确保了学生们在填写问卷时有足够的时间和空间，并且提供了必要的说明和指导。最后，我们在数据收集结束后进行了数据分析。
点评	案例一提供了非常详细的数据收集方法，清晰地阐述了研究的步骤和程序。作者对数据收集过程进行了充分的透明度和细节描述，让其他研究者能够清晰理解研究的方法，并且有助于其他研究者复制和验证这项研究。

6.18A 数据分析方法是否准确、合理、专业？

评估研究质量的一个关键方面是数据分析方法的准确性、合理性和专业性。数据分析方法的选择应该与研究问题和研究设计相一致，并且能够有效地处理所收集到的数据。在评估数据分析方法时，需要注意以下几个方面。

首先，数据分析方法是否准确？即所选方法是否能够正确地处理原始数据，产生可靠的分析结果。例如，研究人员使用 t 检验来比较两组数据的均值，但两组数据的分布不符合正态分布。在这种情况下，t 检验的结果可能是不准确的。其次，数据分析方法是否合理？是否符合统计学原理和方法论要求，避免了常见的偏差和错误。例如，研究人员进行一项关于吸烟与肺癌关系的研究，但没有控制其他可能影响肺癌发病率的因素，如年龄、性别和遗传因素。在这种情况下，研究结果可能是有偏差的。最后，数据分析方法是否专业？即研究者是否具备足够的专业知识和技能来进行数据分析，并且是否采用了行业内公认的标准方法和工具。例如，研究人员使用 SPSS 软件进行数据分析，但对 SPSS 软件的统计功能不熟悉。在这种情况下，研究人员可能无法正确地使用统计方法，导致分析结果不准确。通过综合考量以上因素，可以评估数据分析方法的质量和可信度，进而影响整个研究的可靠性和说服力。

6.19A 如果使用了实验研究，是否提供了明确的研究流程图？

在实验研究中，提供明确的研究流程图是非常重要的。研究流程图可以清晰地展示研究的设计和实施过程，包括实验组与对照组的设置、干预措施的实施、数据收集和分析等步骤。通过研究流程图，读者可以直观地了解研究的整体架构和流程，有助于评估研究的内部有效性和可靠性。

在评估研究流程图时，需要注意以下几个方面：首先，流程图是否清晰明了？即是否能够清晰展示研究的各个步骤和流程，让读者一目了然。其次，流程图是否详尽？即是否包含了研究中的所有重要步骤和环节，避免遗漏关键信息。最后，流程图是否与研究报告中的描述一致？即流程图所展示的实际操作是否与研究报告中所述的相符，保持一致性和完整性。

通过提供明确的研究流程图，研究者能够提升实验研究的透明度和可信度，有助于读者更好地理解和评估研究的质量和结论的可靠性。评价量化研究方法的标准见表 6.7。

表 6.7　评价量化研究方法的标准

评价标准	是	不确定	否
1. 研究设计是否有效回答研究问题？			
2. 是否给出明确的依据说明为何选择该设计？			
3. 样本量是否充足？			
4. 样本于目标研究对象的总人口而言是否有代表性？			
5. 抽样方法是否妥当？			
6. 使用的问卷是否常被引用的权威问卷？			
7. 使用的问卷是否提供了信度和效度参数？			
8. 原创问卷，是否经过了试测或专家评议？			
9. 问卷的回收率是否在可接受的范围内？			

续表

评价标准	是	不确定	否
10. 是否提供了问卷的题目类型、数量、赋分方式和示例？			
11. 问卷数据的收集过程是否详细透明？			
12. 实验研究是否使用了随机分配？			
13. 如果使用了预实验设计，是否提供了充分的理由？			
14. 使用的数据分析方式是否有效回答了研究问题？			
15. 是否提供了所属机构伦理委员会的审批及号码？			
16. 研究者是否汇报和遵循了必要的伦理要求？			
17. 研究过程是否足够详细透明以至于其他研究者可复制？			
18. 数据分析方法是否准确、合理、专业？			
19. 如果使用了实验研究，是否提供了明确的研究流程图？			

案例分析：量化研究方法

1. 研究设计

本研究采用混合研究方法，通过结合定性和定量研究设计，旨在全面了解中国高校教师知识隐藏现象的内在机制。具体来说，定性研究通过深度半结构化访谈，获取教师对知识隐藏的看法和解释。这可以帮助我们打开话题，并挖掘隐藏的因素。定量研究通过问卷调查，统计教师在知识共享和保护方面的行为模式，以及影响这些行为的个人背景和环境变量。两种研究方法相互补充，可以从多角度对问题进行分析，提升研究质量和结论的可靠性。

2. 抽样方法与对象

本研究采用多阶段分层随机抽样法。首先将全国 31 个省级行政区（不包括港、澳、台地区）划分为东中西三个区域，在每个区域随机抽取 1~2 个省；其次在每个省份内随机抽取 1~2 所高等学校；最后，从各所高校内随机抽取 20~30 名教师作为样本。以上抽样过程保证样本的地域和学校类型代表性。最终形成的样本群体共计 300 名教师。

3. 数据收集

①使用在线问卷平台发放标准化问卷。②组织面对面的半结构化访谈。③问卷内容包括教师个人背景和知识管理态度等。④访谈内容探讨知识隐藏的个人原因和环境影响。⑤采取匿名方式保护教师隐私。

4. 数据分析

①定性数据用 NVivo 软件进行主题分析。②定量数据用 SPSS 进行描述统计和推断统计分析。③检验教师属性与知识管理行为的相关性。④比较不同群体的差异。⑤提取影响因素。

【参考答案请见 P. 232】

6.1B 是否（再次）阐述了研究问题和研究目的？

在质性研究论文中，将研究目的和研究问题首先在引言部分阐明，然后在研究方法部分再次提及的做法具有重要的意义。

这一做法可以巩固引言部分所述内容，使读者在详细了解研究方法的同时，对研究的目的和问题仍然保持着清晰的认识。同时，通过在研究方法部分再次强调研究目的和研究问题，研究者可以确保研究方法的选择和设计与研究目的的一致性，从而提高研究的科学性和可信度。

6.2B 是否根据文献依据和现实依据合理选择了相应的研究设计？

根据 Merriam 和 Tisdell①，质性研究主要包含六种常见设计类型：①基础性质性研究（Basic Qualitative Research）是一种基本的质性研究方法，旨在深入探索现象背后的意义和理解。②现象学（Phenomenology）则关注个体的经验和意义，以揭示人们对世界的感知和体验。③扎根理论（Grounded Theory）通过系统分析数据来发展理论，从而发现新的概念和模式。④民族志学（Ethnography）专注于深入研究文化和社会群体，以了解特定文化背景下的行为和观念。⑤叙事分析（Narrative Analysis）强调故事和叙述的重要性，通过分析个体或群体的叙述来理解他们的经历和意义。⑥质性案例研究（Qualitative Case Study）通过深入研究个案来探索特定现象或问题，提供详细的案例分析和理解。这些方法在研究问题提出、样本选择、数据收集和分析以及写作过程中有所不同，研究者可以根据自己的

---

① Merriam, S. B., & Tisdell, E. J. (2015). *Qualitative research: A guide to design and implementation*. John Wiley & Sons.

研究目的和问题选择适合的方法进行研究。

选择合适的研究设计是质性研究中至关重要的一环，需要综合考虑文献依据和现实依据。文献依据是指对过去相关研究的理解和总结，现实依据则是指当前研究领域的需求和特点。合理选择相应的研究设计能够保证研究充分地回应研究问题，并且确保研究的有效性和可信度。

首先，基于文献依据合理选择研究设计能够确保和夯实研究的科学性和理论基础。过去相关研究的综述和分析能够为研究者提供宝贵的启示，帮助他们理解和评估不同研究设计的优劣，并选择最适合解决研究问题的设计类型。

其次，结合现实依据选择研究设计能够使研究更具实用性和针对性。考虑研究领域的实际需求和特点，选择合适的研究设计能够确保研究结果的可操作性和实用性，从而更好地为决策者、实践者和其他利益相关者提供有益的参考和指导。

总的来说，基于文献依据和现实依据合理选择相应的研究设计对质性研究的科学性、实用性和可信度至关重要。这种做法能够确保研究理论的基础扎实，在实践上具有指导意义，从而为学术界和实践领域提供有价值的研究成果。案例见表 6.8。

表 6.8　描述研究方法选择依据的案例

案例	质性研究是一种重要的研究方法，它侧重于深入理解人类行为、体验和动机。这种研究方法的优点在于其能够提供关于复杂社会现象的深刻见解，特别是在定量数据无法充分解释的情况下（Denzin and Lincoln, 2013）。质性研究适用于探索新的或不充分理解的领域，尤其是在需要理解人类行为背后的动机、感受和经历时（Van Maanen, 1979）
点评	该研究的作者为选择质性研究方法提供了权威的文献支撑；但是，没有明确指出具体使用了质性方法的哪种类型，也没有结合当前的研究说明为什么适合质性研究，也就是说没有解释现实依据。

6.3B 是否清晰描述了研究对象的选择标准和确定过程？

清晰描述研究对象的选择标准和确定过程是指在研究中明确说明研究者如何选择研究对象，以及确定这些对象的过程。这包括对研究对象的定义、特征、范围以及符合研究目的和问题的选择原则的阐述。

这有助于读者对研究的范围和限制有清晰的认识，从而更好地理解研究的内容和结论。

在质性研究中，选择样本的过程被称为"目的性抽样"（Purposive Sampling[1]），这是因为研究者的目标是选择那些能够提供关于研究问题最丰富信息的案例。以下是选择样本的步骤。

（1）确定研究问题：明确你的研究问题或研究现象，这是选择样本的出发点。

（2）制定选择标准：基于研究问题，确定哪些特征或属性的样本对你的研究最为关键。

（3）选择信息丰富的案例：选择那些能够提供深入见解和丰富信息的个体、群体或案例进行研究。

（4）考虑样本类型：常见的目的性抽样类型包括典型抽样（Typical Sampling，寻找代表一般情况的样本）、独特抽样（Unique Sampling，寻找具有独特或非典型特征的样本）、最大变异抽样（寻找在某个维度上差异最大的样本）、便利抽样（基于可访问性和便利性选择样本）和滚雪球或链式抽样（通过已有的参与者推荐新的潜在参与者）。

---

① Chein, I. (1981). Appendix: An introduction to sampling. In L. H. Kidder (Ed.), *Selltiz, Wrightsman & Cook's research methods in social relations* (4th ed.). Austin, TX: Holt, Rinehart and Winston，418 - 441.

（5）样本大小：没有一个固定的样本大小，而是直到数据饱和（Saturated），即新的数据不再产生新的信息或见解为止。[①] 让我们以校园欺凌的研究为例，来解释每种目的性抽样的含义：

① 典型抽样：如果我们想要了解校园欺凌的普遍情况，我们可能会采用典型抽样。例如，我们可能会选择一所"平均"的中学，这所学校在规模、学生构成和社会经济背景上都类似于大多数其他学校。在学生中，我们可能会选择那些没有特别突出特征的学生，以便更好地理解校园欺凌在普通学生中的普遍性和常态。

② 独特抽样：如果我们对某些不寻常或极端的校园欺凌案例感兴趣，比如某个学生因为其独特的背景或身份而成为欺凌的目标，我们可能会采用独特抽样。这种抽样方法可以帮助我们理解在特定情况下欺凌行为的特点和影响。

③ 最大变异抽样 Maximum Variation Sampling：为了全面理解校园欺凌的不同表现形式，我们可能会采用最大变异抽样。这可能涉及选择不同背景、不同年级、不同性别和不同欺凌行为的学生样本。通过这种方式，我们可以识别出在不同情境下欺凌行为的共同模式和差异。

④ 便利抽样 Convenience Sampling：如果我们的时间或资源有限，我们可能会采用便利抽样。例如，我们会在自己孩子的学校或附近的学校进行研究，因为这些地方最容易接触到孩子、学生。然而，这种方法可能会导致样本缺乏代表性，从而影响研究结果的普遍性。

⑤ 滚雪球或链式抽样 Snowball or Chain Sampling：如果我们想要深入了解某个特定群体中的校园欺凌情况，我们可能会采用滚雪球抽样。例如，

[①] Chein, I.(1981). Appendix: An introduction to sampling. In L. H. Kidder (Ed.), *Selltiz, Wrightsman & Cook's research methods in socialrelations* (4th ed.). Austin, TX: Holt, Rinehart and Winston, 418—441.

我们首先识别并访谈几位已知的欺凌行为的受害者或目击者，然后请他们推荐其他可能愿意分享经历的人。这种方法可以帮助我们接触到可能不容易被发现的案例。

⑥ 理论抽样 Theoretical Sampling：在进行理论研究的过程中，我们可能会采用理论抽样。这意味着我们会根据初步的理论或假设来选择样本，然后根据收集到的数据调整或发展理论。例如，如果我们正在研究旁观者对校园欺凌的影响，我们可能会先访谈几位旁观者，然后根据他们的叙述选择其他相关的学生进行访谈，以此来构建或细化我们的理论。

每种抽样方法都有其优势和局限性，选择哪种取决于研究的目的、资源以及对样本代表性的要求。

6.4B 是否选择了适当的主要数据收集方法，如采访或观察等？

这个标准的含义和重要性在于确认研究是否选用了恰当的主要数据收集方法，比如采访或观察等。正确选择数据收集方法有助于确保研究结果的准确性和可靠性，因为不同的研究问题可能需要不同的方法来收集数据。若方法与研究问题不匹配，可能导致数据的偏差或不完整，从而影响研究的可信度和科学性。因此，选用合适的数据收集方法是保证研究结果准确反映研究对象观点和经验的关键步骤。

举例来说，我们想要收集关于教师是否在教学中鼓励批判式思维的相关信息，光靠访谈是不可信的，还需要研究者进行实地观察，或者通过录制教师的教学过程并进行视频分析才能准确判断教师是否真正鼓励批判式思维、频率如何、效果怎样。数据收集方法是否合适的最终判断标准是该研究的目的。

6.5B 是否提供了数据收集工具，如采访提纲或观察记录表？

提供详细具体的数据收集工具有助于读者了解研究过程中所使用的具体方法和步骤，从而使研究的过程更加透明和可复制。

如果研究未提供数据收集工具，那么，读者将难以了解研究中所使用的具体方法和步骤。这可能会引发读者对于数据收集过程的疑虑，从而影响研究结果的可信度和可靠性。

在质性研究中，选择哪种数据收集工具取决于研究问题的性质、研究目的、可行性以及研究者对数据质量和深度的要求。质性研究中涉及的数据收集工具和方法主要包括以下几种：①访谈：质性研究中的访谈可以采取多种形式，如半结构化访谈和开放式访谈。这些访谈允许研究者深入探讨个人的经历、观点和感受。②焦点小组（Focused Group）：一种集体讨论的形式，研究者可以邀请一组人就特定主题进行讨论，以收集关于群体动态和共同看法的数据。③观察：通过实地观察，研究者可以收集关于行为、互动和环境设置的直接信息。观察可以是非参与性的，即研究者作为旁观者记录所看到的内容；也可以是参与性的，即研究者参与研究场景中，同时收集数据。④文档分析（Document Analysis）：研究者可以分析书面材料，如报告、政策文件、会议记录、个人日记、社交媒体帖子等，以收集关于研究主题的信息。此外，研究者可能还会使用其他工具，如案例研究、实物分析（分析照片、艺术品等）、事件分析等。

举例来说，研究使用了深度访谈这一数据收集方法，提供采访提纲可以让读者了解研究者在访谈过程中所关注的问题和主题，以及对话的方向。同样地，如果研究采用了观察方法，提供观察记录表则可以让读者了解到研究者在观察过程中所记录的具体内容和观察重点。通过提供这些数据收集工具，读者可以更好地理解研究过程，从而对研究结果的可信度和有效性有更加准确的评估。

6.6B 是否描述了访谈提纲设计和修改的过程及依据？

访谈提纲的设计通常是一个逐步的过程，涉及研究者对研究目的和问题的深入理解，以及对参与者群体的特征和背景的考虑。

研究初期设计访谈提纲的过程可能包括对现有文献的综合分析、与领域专家的讨论，以及初步的探索性访谈等。这些步骤有助于确定需要涵盖的主题和问题，并确保提纲的合理性和有效性。

随着研究的进行，访谈提纲可能需要进行修改和调整。这种修改可能是基于初步访谈的结果、参与者反馈的意见或者研究团队的讨论。在描述提纲修改的过程时，需要说明修改的具体内容以及修改的原因和依据。案例见表6.9。

表 6.9　描述访谈过程的案例

案例	在设计访谈提纲的过程中，我们首先进行了文献综合分析，以了解关于我们研究主题的已有研究成果和理论框架。通过对相关文献的深入阅读和讨论，我们确定了需要探讨的主题和问题领域，并建立了初步的访谈提纲草案。 　　接下来，我们与该领域的专家进行了讨论，并征求了他们对访谈提纲的意见和建议。专家的反馈帮助我们进一步完善了提纲，确保其涵盖了重要的主题和问题，并且具有实践可操作性。 　　在初步访谈阶段，我们对几位参与者进行了探索性访谈，以测试和改进提纲的实际应用性。通过分析这些访谈的结果，我们发现了一些未涵盖的重要主题，并对提纲进行了适当的调整。 　　此外，我们还定期与研究团队进行讨论，共同评估和修改访谈提纲。这些讨论包括对提纲中每个问题的必要性、清晰度和适用性的审查，以确保提纲的科学性和有效性。 　　总的来说，设计和修改访谈提纲的过程是一个逐步迭代的过程，涉及多方面的信息整合和专家反馈。通过这一过程，我们确保了提纲的全面性、有效性和实用性，从而为后续的访谈研究奠定了良好的基础
点评	该论文在设计访谈提纲的过程中展现了系统性和深度，通过文献综合分析、专家讨论、探索性访谈和团队评估等多方面的信息整合和反馈机制，确保了提纲的全面性、有效性和实用性，为后续访谈研究奠定了坚实基础。美中不足的是，如果能将里面的一些细节量化会让研究者觉得更为可信。例如，"定期"是多久一次？一共进行多少次讨论？修改访谈提纲的哪些内容，能否举例说明？

6.7B 是否注明了数据收集过程中的保密与知情同意要求？

　　若研究未注明数据收集过程中的保密与知情同意要求，可能会引发读者对研究是否符合伦理标准的疑虑。此外，未明确保密与知情同意要求也可能违反研究伦理规范，从而影响研究结果的可信度和有效性。

　　举例来说，研究涉及个人敏感信息的收集，如健康状况或个人信念，研究者应明确注明在数据收集过程中将如何保护参与者的隐私，以及获得参与者知情同意的程序和要求。如果访谈被录音，研究者应说明录音将如何被存储和保护，以确保数据的安全性和保密性。此外，研究者还应说明在分析和报告数据时将如何处理和匿名化个人敏感信息，以避免泄露参与者的身份和隐私。这些步骤和措施是确保研究符合伦理标准和保护参与者权益的关键措施。

6.8B 是否给出了具体的分析程序，如主题分析法或内容分析法？

在研究中，透明且具体的分析程序是确保研究过程科学性和可信度的关键因素。通过清晰地描述分析方法和步骤，读者能够了解研究者是如何处理和解释数据的，从而对研究结果的可信度有更加准确的评估。在不同的质性研究中，需要采用不同的编码方式来适应研究的目的和方法。对于扎根理论研究，通常需要采用三级编码，以深入挖掘数据并生成理论。而对于根据已确定的访谈问题或主题进行分类提取的研究，可以采用主题编码法。主题编码是一种将数据按照事先确定的主题或类别进行分类的方法。在主题编码中，研究者需要根据研究问题或主题设定一系列主题，并将数据进行分类提取，以便更好地回答研究问题或探索特定主题。

主题编码的过程包括识别和定义主题、为每个主题分配编码、整理和归类数据，并最终分析和解释数据。通过主题编码，研究者可以系统地整理和分析数据，从而揭示数据中的模式、趋势和关系，为研究提供深入的理解和见解。

6.9B 是否描述清楚了各步分析步骤，如开放编码与轴心编码等？

在研究中，清晰地描述这些分析步骤和依据以及引用权威文献支持对于确保数据分析的科学性和可信度至关重要。

三级编码方法涵盖了开放式（Open Coding）、轴心式（Axial Coding）和选择式（Selective Coding）三个阶段[①]。在开放式编码阶段，研究者对原始数据进行初步的浏览和开放性的编码，将数据分割成更小的单元，以便更深入地理解数据的内容。在轴心式编码阶段，研究者根据初步编码结果和研究目的，建立起一些核心概念或主题，以系统地整合和归类数据。在选择式编码阶段，研究者根据先前的编码结果，选择性地提取和分析与研究目的相关的数据，以发现潜在的模式和关联。

如果研究未明确阐明这些编码阶段的步骤和依据，并引用权威文献支持，读者可能会对分析过程的可靠性和有效性产生疑虑。假设有一项教育学领域的研究，目的是探究小学生在数学学习中的问题解决能力，并使用了深度访谈和内容分析作为主要的数据收集和分析方法。研究者可以设计并呈现类似表 3.10 的表格。

---

① Chein, I. (1981). Appendix: An introduction to sampling. In L. H. Kidder (Ed.), *Selltiz, Wrightsman & Cook's research methods in social relations* (4thed.). Austin, TX: Holt, Rinehart and Winston, 418—441.

表 6.10　示例：深度访谈数据分析

访谈内容	开放式编码	轴心式编码	选择式编码
小学生表示数学题目难以理解，容易感到挫败	数学学习挑战	数学学习挑战及影响因素	数学学习的情感因素
学生提到对数学公式的理解困难	数学公式理解障碍	数学公式理解的障碍及解决方案	数学公式理解的因素及解决方案
学生讲述了在课堂上害羞发问的经历	课堂上的沉默和羞怯	学生参与课堂讨论的障碍及影响因素	学生参与课堂讨论的困难和解决方案
学生提及了家庭环境对数学学习的影响	家庭对数学学习的支持与影响	家庭环境对数学学习的影响及重要性	家庭环境对数学学习的重要因素及支持情况
学生描述了与同学合作解决数学问题的情况	同伴合作学习	同伴合作学习的优势和挑战	同伴合作学习的效果和可能问题

开放式编码：针对每个访谈内容，开放式编码涉及对原始数据的初步探索和分类。研究者根据访谈内容提取出关键词或短语，并根据其内涵进行分类编码。例如，学生表达挫败感、数学理解困难、课堂羞怯等情况可以被编码为数学学习挑战、数学公式理解障碍、课堂沉默等类别。

轴心式编码：在轴心式编码阶段，研究者根据开放式编码的结果，建立起一些核心概念或主题，并对数据进行系统整合和归类。这里给出了一些可能的轴心式编码，如数学学习挑战及影响因素、家庭环境对数学学习的影响等。

选择式编码：在选择式编码阶段，研究者进一步选择性地提取和分析与研究目的相关的数据。这包括对轴心式编码中提出的主题或核心概念进行更深入的探索，以发现潜在的模式和关联。例如，针对家庭环境对数学学习的影响，研究者可以进一步分析家庭环境对学生数学学习的具体影响因素及支持情况。

这种分析方法的优势在于能够逐步深入地理解数据，并从中提取关键主题和模式。通过明确不同阶段的编码方法，并在每个阶段进行逐步的分析和归类，研究者能够更全面地理解数据，从而产生更具有洞察力的研究结果。

6.10B 是否注明了使用软件或程序的具体版本并提供界面截图？

在质性研究中，注明使用的软件或程序的具体版本并提供界面截图是非常重要的实践。这种做法有助于确保研究的可复制性和透明度，提高研究结果的可信度和可靠性。

一方面，明确指明使用的软件或程序的具体版本可以帮助其他研究者准确地重现研究过程。不同版本的软件可能会有功能上的差异或更新，因此确保使用相同版本可以保证研究结果的一致性。同时，提供软件版本信息也有助于其他研究者在进行类似研究时选择合适的工具和版本，提高研究的可比性和可靠性。

另一方面，提供适当的界面截图可以帮助读者更直观地了解研究过程和数据处理步骤。界面截图可以展示研究者在软件或程序中的操作界面和数据处理流程，让读者对研究方法有更清晰的认识。通过界面截图，读者可以更容易地理解研究者的数据处理方法和步骤，增加研究结果的可信度和可理解性。

6.11B 是否提出了保证研究质量的策略和程序？

在研究过程中，确保研究质量包括以下方面。

数据收集过程的监控：研究者应当对数据收集过程进行监控，确保数据的收集方式和流程符合研究设计和伦理原则。这可能涉及培训调查员、制定数据收集标准和流程，并对数据收集过程进行定期检查和评估。

数据质量的评估和检查：研究者应对收集到的数据进行质量评估和检查，以确保数据的准确性和完整性。这包括检查数据的完整性、一致性和逻辑性，发现并纠正可能的错误和异常。

质量控制标准和指标的制定：研究者应制定质量控制标准和指标，以衡量研究过程和结果的质量。这可能包括制定数据收集和分析的标准操作程序（SOP），以及制定数据质量指标和评价标准。

质量问题的解决和改进：如果在研究过程中发现质量问题或偏差，研究者应立即采取措施进行解决和改进。这可能包括调整数据收集程序、重新训练调查员、修正数据分析方法等，以确保研究结果的可靠性和准确性。

记录和文档化：研究者应对质量控制和质量保证过程进行记录和文档化，以便后续审查和验证。这包括记录数据收集和分析过程中的所有操作和决策，以及记录质量问题的发现和解决过程。

同行评审审查（Peer Review/Examination）：同行评审审查是一种常见的质量控制和质量保证手段，通过邀请同行专家对研究进行评审和审查，以确保研究的科学性和可信度。同行评审审查可以帮助识别和纠正可能存在的方法或理论上的问题，提出改进建议，并确保研究结果的可靠性和有效性。同行评审审查还可以提高研究的学术声誉和影响力，增加研究的可信度和可接受性。

通过质量控制和质量保证措施，研究者可以最大限度地减少研究过程中可能出现的偏差和错误，从而确保研究结果的可靠性和准确性。

6.12B 是否论证了研究结果的可靠性、可信度和有效性？

在质性研究中，信度通常指的是研究的可靠性，效度则指的是研究的有效性和准确性。确保信度和效度的方式包括以下几个方面。

交叉验证数据来源（Triangulation）：通过使用不同的数据来源或方法进行交叉验证，以提高研究结果的可信度和有效性。

研究者的反思和透明度（Researcher's Reflexivity）：研究者应该通过透明和反思的方式来确保研究结果的可信度。这包括：

深度（Thick Description）描述研究过程中的方法选择和决策：研究者应该清晰地描述研究设计、数据收集和分析方法，并解释为什么选择这些方法。

揭示研究者的立场和偏见（Researcher's Stance and Bias）：研究者应该诚实地反思并揭示自己的研究立场和偏见，以便读者评估研究结果的可信度。

采用多种数据收集方法：通过使用多种数据收集方法（如深度访谈、观察、文件分析等），可以提高研究结果的可信度和有效性。

反馈机制和验证过程类似于量化研究中的同行评审、审查和反馈机制，质性研究也可以通过以上方式来验证和改进研究。

通过以上方式，研究者可以确保质性研究结果的可靠性、可信度和有效性，提高研究的科学性和影响力。

6.13B 是否遵循了伦理要求？

以下是质性研究中确保遵循伦理要求的常见做法。

知情同意：研究者应向参与研究的个体提供充分的信息，包括研究目的、过程、风险和权利等，并取得他们的知情同意。参与者应在了解全部信息后自愿决定是否参与研究，且可以随时撤回同意。

保护隐私：研究者应保护参与者的隐私和个人信息，不得泄露他们的身份或敏感信息。这包括对数据进行匿名化或去标识化处理，并确保研究结果不会导致参与者的个人信息被泄露。

权利尊重：研究者应尊重参与者的权利，包括自主决定是否参与研究、拒绝回答某些问题、随时退出研究等。研究过程中不得对参与者施加任何形式的压力或强迫。

公正对待：研究者应公正对待所有参与者，无论其社会地位、文化背景或其他因素如何。研究设计和实施过程应尽可能避免歧视和偏见，确保所有参与者受到公平和平等的对待。

风险评估和管理：研究者应对研究过程中可能存在的风险进行评估，并采取适当的措施来管理和减少这些风险。这包括确保参与者的安全和福祉，以及及时处理可能出现的不良事件或意外情况。

伦理审批：对于涉及人类参与者的研究，研究者应在进行研究之前获得所属机构的伦理审批，并遵循审批机构的相关规定和要求。

通过遵循以上伦理要求，研究者可以确保质性研究过程合法、公正、尊重参与者权益，并最大限度地保护参与者的利益和福祉。

6.14B 是否阐述清楚了采用的哲学视角及其对本研究的影响？

在质性研究中，研究者的哲学视角影响着研究问题的提出、方法的选择、数据的收集和分析方式，以及对研究结果的解释和理解①。以下是一些可能的哲学视角及其对研究的影响。

解释主义（Interpretivism）：解释主义认为社会现象是主观构建的，并强调个体对世界的理解和解释。在质性研究中采用解释主义视角，研究者可能更倾向于深入理解参与者的观点、经验和意义，强调对社会现象的解释和理解，而不是简单的测量和描述。

建构主义（Constructivism）：建构主义认为现实是由个体和社会共同构建的，并强调社会和文化背景对个体观点和行为的影响。在质性研究中采用建构主义视角，研究者可能更关注个体和社会之间的相互作用和影响，强调参与者的主观构建和社会建构。

现象学（Phenomenology）：现象学强调个体对于经验的直接体验和内在意义的理解。在质性研究中采用现象学视角，研究者可能更关注参与者的直接经验和感知，试图理解他们的内在世界和意义。

批判理论（Critical Theory）：批判理论关注社会的不平等和权力关系，并试图揭示社会结构的根源和影响。在质性研究中采用批判理论视角，研究者可能更关注社会的权力和结构，试图揭示和批判社会的不公正和不平等。

研究者应该清晰地阐述采用的哲学视角，并说明其对研究设计、方法和结果的影响。这包括说明为什么选择特定的哲学视角，以及如何在研究过程中运用这种视角来解释和理解研究现象。通过清晰地阐述哲学视角，研究者可以使读者更好地理解研究的理论基础和方法论取向，从而提高研究的科学性和可信度。案例见表 6.11。

---

① Chein, I. (1981). Appendix: An introduction to sampling. In L. H. Kidder（Ed.），*Selltiz, Wrightsman & Cook's research methods in socialrelations* (4th ed.). Austin, TX: Holt, Rinehart and Winston. 418—441.

表 6.11　不同理论视角的应用举例

段落	解释主义视角示例。 研究问题：探究青少年对社交媒体使用的态度和行为。 方法选择：采用深度访谈和内容分析的方法，以了解青少年个体对于社交媒体使用的主观感受和解释，以及他们如何构建和表达关于社交媒体的意义和认知。 结果解释：通过分析青少年的访谈数据和社交媒体内容，研究者发现青少年对社交媒体的态度和行为是受到个体经验、社交环境和文化背景的影响，强调了青少年对于社交媒体的主观解释和意义构建。 建构主义视角示例。 研究问题：探究家庭中父母与孩子之间的教育交流方式。 方法选择：采用家庭观察和深度访谈的方法，以了解父母与孩子之间教育交流的互动和建构过程，以及家庭文化和社会环境对教育交流的影响。 结果解释：通过观察和访谈数据的分析，研究者发现家庭中父母与孩子之间的教育交流是由家庭文化、社会背景和个体经验共同构建的，强调教育交流的主观建构和社会互动的重要性。 现象学视角示例。 研究问题：探究患有抑郁症的个体的自我体验和情感表达方式。 方法选择：采用个体访谈和情感记录的方法，以了解抑郁症患者的内心体验和情感表达方式，探究其对于抑郁症的认知和理解。 结果解释：通过个体访谈和情感记录的分析，研究者深入理解了抑郁症患者的内心体验和情感表达方式，揭示了抑郁症对个体生活和情感状态的深刻影响，强调了患者对于抑郁症的直观体验和理解。

通过以上示例，可以看出不同的哲学视角对于研究问题的提出、方法的选择和结果的解释有着重要的影响，研究者应根据研究目的和问题的特点选择合适的哲学视角，并清晰地阐述其对研究的影响。

6.15B 是否讨论了个人的潜在偏见和反思结果？

研究者的个人背景、信仰、价值观和经验可能会影响研究设计、数据收集和结果解释，因此，对个人偏见的认识和反思是确保研究过程客观和透明的关键一步。以下是讨论个人潜在偏见和反思结果的一些方式。

个人偏见的认识：研究者应该诚实地认识自己可能存在的偏见，包括种族、性别、文化、社会地位等方面的偏见。通过自我反思和意识到这些偏见，研究者可以更加客观地进行研究，并避免个人偏见对研究结果的影响。

反思研究过程中的个人偏见：在研究过程中，研究者应该不断反思自己的偏见可能如何影响研究设计、数据收集和分析过程。这包括对研究问题的选择、方法的使用、数据的解释等方面可能存在的偏见进行深入思考和讨论。

透明地呈现个人反思结果：研究者应该在研究报告中透明地呈现个人反思结果，包括对个人偏见的认识、可能存在的影响以及如何尽可能减少这些偏见的影响等方面。这有助于读者更好地理解研究过程的客观性和透明度。

寻求外部意见和反馈：研究者可以通过与同行和其他领域专家交流和讨论，获取外部意见和反馈，帮助发现可能存在的个人偏见并加以修正。这有助于提高研究的客观性和可信度。

通过讨论个人的潜在偏见和反思结果，研究者可以确保研究过程的客观性和透明度，提高研究结果的可信度和有效性。案例见表6.12。

表 6.12 研究者反思举例

案例	《探究移民家庭在新文化环境中的教育体验》 　　个人反思和偏见：研究者是本地大学的教育学博士生，具有本地文化背景。在设计研究之初，研究者意识到自己可能存在的偏见，包括对移民家庭的文化差异和社会地位的认知不足，以及对于教育体系中的种族和社会偏见的忽视。 　　反思结果：为了应对个人潜在偏见，研究者采取了以下措施。 　　（1）自我教育：研究者在研究开始之前进行了大量的自我教育，包括阅读相关文献、参加跨文化培训和与移民家庭代表进行接触，以增进对移民家庭经验和文化的理解。 　　（2）反思和讨论：研究者与导师和同行进行了反思和讨论，分享个人的潜在偏见和对研究影响的担忧，并寻求他们的建议和反馈。 　　（3）方法选择：在设计研究方法时，研究者特别关注，选择了开放性的深度访谈和参与式观察这两种方法，以增进对于移民家庭真实体验的理解，并尽量减少自身的偏见对研究结果的影响。 　　（4）数据分析：在数据分析过程中，研究者采用了开放式编码和反思性议题分析等方法，以尽可能客观地解释和理解移民家庭的教育体验，同时不断反思自身的偏见对分析结果的影响
点评	通过以上反思和措施，研究者努力确保研究过程的客观性和透明度，提高研究结果的可信度和有效性。这种反思性方法有助于读者理解研究者在研究过程中所面临的挑战和考虑，从而更好地评估研究的科学性和质量

案例分析：质性研究方法

本研究将采用定量和定性研究方法，旨在全面理解中国高校教师的知识隐藏现象。定性研究将通过深度访谈收集数据，预计每位受访教师的访谈时间约为 60 分钟。访谈指南包括开放式和半结构化问题，共计 15 个问题，涵盖了教师的隐藏行为背后的动机、具体的隐藏策略以及他们对组织和同事的态度等方面。

为确保研究结果的代表性和可信度，研究对象的选择基于以下标准：①教学经验在 5 ~ 15 年；②具有副高级以上职称；③来自不同学科背景的高校教师。采用了方便抽样的方法，通过学校教师名单进行选择，以保证样本的多样性和代表性。

数据收集过程中，为确保数据的完整性和保密性，参与教师将被告知其数据将仅用于研究目的，并且他们有权拒绝参与或随时撤回同意。所有数据将以匿名方式处理，仅研究团队成员能够访问。

分析过程将采用质性数据分析软件，以协助对问卷调查和访谈数据的整理和归纳。访谈数据将进行逐字转录和编码分析，以识别主题和模式，并深入理解教师的隐藏行为背后的动机和因素。

为确保研究结果的可靠性和有效性，研究者将进行交叉验证和数据三角化。定期与导师和同行进行讨论，并在研究过程中不断调整和改进方法，以确保结果的准确性和可信度。

【参考答案请见 P.232】

评价质化研究方法的标准见表 6.13。

表 6.13　评价质化研究方法的标准

评价标准	是	不确定	否
1. 是否（再次）阐述了研究问题和研究目的？			
2. 是否根据文献依据和现实依据合理选择了相应的研究设计？			
3. 是否清晰描述了研究对象的选择标准和确定过程？			
4. 是否选择了适当的主要数据收集方法，如采访或观察等？			
5. 是否提供了数据收集工具，如采访提纲或观察记录表？			
6.. 是否描述了访谈提纲设计和修改的过程及依据？			
7. 是否注明了数据收集过程中的保密与知情同意要求？			
8. 是否给出了具体的分析程序，如主题分析法或内容分析法？			
9. 是否描述清楚了各步分析步骤，如开放编码与轴心编码等？			
10. 是否注明了使用软件或程序的具体版本并提供界面截图			
11. 是否提出了保证研究质量的策略和程序？			
12. 是否论证了研究结果的可靠性、可信度和有效性？			
13. 是否遵循了伦理要求？			
14. 是否阐述清楚了采用的哲学视角及其对本研究的影响？			
15. 是否讨论了个人的潜在偏见和反思结果？			

如何写作混合研究方法的研究方法部分

混合研究方法的评价标准需要综合考虑定量和定性研究方法的特点，以下是对混合研究方法部分的评价要素和标准。

Ⅰ.研究问题和研究目的的阐述：

是否清晰地阐述了研究问题和研究目的，并说明了为什么需要同时采用定量和定性方法来回答研究问题？

Ⅱ.研究设计的合理性：

A.是否根据文献和现实依据，合理选择了混合研究设计？

B.设计是否能有效回答研究问题，并解释了为何需要结合定量和定性方法？

Ⅲ.研究对象的选择标准和确定过程：

A.是否清晰描述了研究对象的选择标准和确定过程？

B.选择的样本是否具有代表性，能否代表目标人群？

Ⅳ.主要数据收集方法的选择：

A.是否选择了适当的主要数据收集方法，如问卷调查、深度访谈、观察等？

B.这些方法是否能够为研究问题提供丰富的信息？

Ⅴ.数据收集工具的提供：

A.是否提供了数据收集工具，如问卷调查表、访谈指南等？

B.这些工具是否设计合理，能够充分覆盖研究问题的方方面面？

Ⅵ.数据收集过程中的保密与知情同意要求：

A.是否注明了数据收集过程中的保密和知情同意要求？

B.参与者是否被告知研究目的，并且同意参与研究？

Ⅶ.具体的分析程序：

A.是否给出了具体的数据分析程序，如混合分析、比较分析等？

B.这些程序是否能够充分利用定量和定性数据，以回答研究问题

Ⅸ.研究质量保证策略和程序：

A.是否提出了保证研究质量的策略和程序？

B.这些策略和程序是否能够确保研究结果的可靠性和有效性？

Ⅹ.研究结果的可靠性、可信度和有效性论证：

A.是否论证了研究结果的可靠性、可信度和有效性？

B.结果的解释是否充分考虑了定量和定性数据的特点？

Ⅺ.遵循伦理要求：

A.是否遵循了伦理要求，如知情同意、隐私保护等？

B.研究过程中是否尊重参与者的权利和隐私？

Ⅻ.哲学视角及其对研究影响的阐述：

A.是否清晰阐述了采用的哲学视角，并说明了其对研究问题和方法选择的影响？

个人潜在偏见和反思结果讨论：

是否讨论了个人潜在偏见，并说明了如何尽力减少其对研究结果的

影响？

综上所述，混合研究方法的评价需要兼顾定量和定性研究的特点，确保研究设计和数据分析过程能够充分利用两种方法的优势，生成可靠、可信的研究结果。

7　如何评价研究结果

研究结果（Results）是学术论文的一个重要章节，它主要呈现研究中获得的实际数据、发现和结果。这一章的目的是清晰、客观地报告研究中的结果，使读者了解研究的发现和数据分析。在学术期刊论文中，量化研究的结果部分和质化研究的结果部分存在一些区别，这主要是两种研究方法所采用的数据类型、分析方法和呈现方式不同导致的。量化研究注重量化数据和统计分析，追求客观性和可重复性；质化研究则注重深度理解和描述，重视个案的独特性和背景。因此，在学术期刊论文中，两种研究方法的结果部分呈现方式和内容会有所差异，但都应该根据研究目的和方法选择合适的方式呈现研究结果，以便读者能够理解和评价研究的质量和可信度。

下面，我们将首先探讨量化研究的结果部分的写作质量。

7.1A 呈现是否与研究问题的呈现顺序一一对应？

在呈现研究结果时，确保其与研究问题的提出顺序一一对应非常重要。这不仅有助于读者更好地理解研究结果，还能提升阅读体验。举例来说，如果研究提出了三个问题，即不同教学方法下学生学习效果是否有差异、什么因素会影响学习效果以及家长参与程度如何影响学习效果，那么在结果部分的呈现顺序应该是这样的：

首先，针对第一个问题，我们报告了不同教学方法下学习效果的测量结果，并进行了相关的统计学检验。其次，我们呈现了有关第二个问题的相关分析结果，识别了影响学习效果的因素。最后，我们报告了第三个问题的结果，即家长参与程度与学习效果的关系。

通过保持与问题提出顺序一致，我们可以帮助读者按部就班地理解不同研究问题的答案，避免因为结果呈现的跳跃性而理解困难。这也是学术论文写作中应该遵循的基本原则之一。

7.2A 主要发现是否清晰呈现？

评估研究结果是否以清晰、直观的方式阐述了主要发现也是一条重要标准。只有当结果表达清晰直观时，读者才能迅速了解研究的贡献。研究可以通过表格、图表以及简练的语句来清晰展示主要发现。例如，在一项研究中，探讨了小学生阅读能力培养模式。通过对比实验组与对照组学生的阅读水平测试成绩，利用表格清晰地展示出实验教学模式可以更有效地提升学生的阅读能力。

7.3A 数据分析是否支持研究结果？

这一评估考察了研究是否通过系统的定量分析来支持结论。研究者可以借助各种统计技术，例如 t 检验、方差分析等，对数据进行深入分析，并提供具体的统计量、表格和图形进行佐证。数据分析的可靠性对于确保研究结果的科学性至关重要。举例来说，在某项教师专业发展研究中，通过因素分析、回归分析等统计方法，发现培训可以提升教师的教学效能等重要指标。

例如，在一项研究中，研究者探究了使用个性化学习平台对学生学业成绩的影响。通过对实验组和对照组学生的成绩数据进行 t 检验，发现实验组学生的平均成绩显著高于对照组学生 [t（98）=3.45，$p<0.05$]，并且使用个性化学习平台与学业成绩之间存在着正相关关系（$r=0.25$，$p<0.01$）。这些统计结果提供了强有力的证据，支持了研究结论，即个性化学习平台对学生学业成绩具有积极影响。

7.4A 是否与研究问题一致？

这一评估涉及研究结果是否直接回答并解决了研究提出的问题，这对于确保研究的内在逻辑性至关重要。例如，在某项研究中，探讨了小班教学如何影响学生的学习动机。结果直接回答了小班教学能够提升学生的学习参与度和兴趣，从而增强学习动机。研究者可以在阐述问题与目的后，以清晰的结构阐述结果。

在一项研究中，研究者旨在探讨 STEM（科学、技术、工程、数学）教育对女性学生兴趣的影响。通过对实验组和对照组学生进行问卷调查和深度访谈，研究发现实验组女性学生在 STEM 领域的兴趣明显高于对照组，并且实验组学生对 STEM 学科的积极态度也更加明显。这些结果与研究问题一致，即 STEM 教育对提高女性学生对 STEM 学科的兴趣具有显著影响，从而为研究问题提供了直接的回答。

7.5A 是否包含支持数据？

这一标准要求研究结果不仅提供结论，还应提供充分的定量支持，以增强结果的可信度。研究者可以通过呈现详细的数据、统计图表等方式，直观地展示研究所得结果的数据基础。例如，在探究智能手机对青少年学习的影响时，除了简单地陈述结论，还应包含不同年级学生手机使用时间的具体统计数据，以及学习成绩与手机使用时间的相关性分析图表。这样一来，读者可以直观地理解结论背后的数据支撑，增强了研究结果的说服力和可靠性。

在一项研究中，研究者调查了在线课程对学生学业成绩的影响。研究结果显示，在线课程学生的平均成绩为 B+，而传统课堂学生的平均成绩为 B–。此外，学生的在线课程参与度与其期末考试成绩之间存在着正相关关系（$r=0.45$，$p<0.001$）。通过这些具体的统计数据和相关性分析图表，读者可以直观地了解到研究结果的数据基础，从而增强结果的可信度和说服力。

7.6A 解释是否清晰？

这一标准要求研究者对结果进行清晰易懂的解释，以确保读者能够准确理解研究的内在逻辑和教育意义。研究者应当对每一个具体的研究发现进行深入解释，阐明其与理论框架和实证数据的对应关系。例如，在研究游戏学习对小学生数学能力的影响时，除了简单地陈述发现，还应解释为什么游戏能够提升学生的学习动机，以及如何与现有的数学教育理论相符合。通过深入解释研究结果，可以使读者更好地理解研究的意义和贡献。

7.7A 是否涵盖全部内容？

这一标准要求研究结果能够系统回答所有研究问题，确保研究的完整性和全面性。研究者需要对提出的每一个研究问题和假设给出明确的答复，以覆盖研究领域的各个方面。例如，在研究小班教学模式时，除了考虑学习过程的影响，还需要关注学习结果和教育成本效益等多个层面的问题。

通过涵盖全部内容，可以确保研究结果的全面性和可信度，为读者提供更加完整和准确的信息。

7.8A 是否具有创新性？

这一标准评价研究结果是否带来了新的见解，从而扩展了相关领域的知识边界。研究需要在结果中呈现一些原创性的发现，例如新的理论模型、教学模式设计等，这些可以为学术界和实践领域带来新的视角和启示。举例来说，一项课堂管理研究提出了"平衡参与"理论，为课堂管理带来了全新的思考方式和实践路径。

在一项研究中，研究者探索了基于虚拟现实技术的学科教学模式对学生学习成效的影响。通过比较传统教学和虚拟现实教学两种模式下学生的学习成绩和学习体验，研究发现，采用虚拟现实教学模式的学生在知识掌握、兴趣激发和学习体验方面表现得更好。进一步分析发现，虚拟现实技术可以提供更具互动性和沉浸感的学习环境，有助于激发学生的学习兴趣和潜在学习动力。因此，该研究提出了基于虚拟现实技术的学科教学模式，为教育领域带来了创新的教学方式，为学科教学开辟了新思路。

7.9A 是否具有可行性？

这一标准检查研究结果是否能够在实际应用中得到验证，从而具有实际操作的可行性和应用价值。研究需要清晰地呈现结果在实际中的可操作性，如通过实例说明结果如何在学校教学中得到应用并取得良好效果：一项教学设计研究提出了一套游戏化学习模式，并且通过实地应用在某校取得了显著的教学效果，从而验证了其可行性和实用性。

例如，在一项研究中，研究者提出了一种基于合作学习的数学教学设计，并在实际学校中进行了应用和验证。该教学设计强调学生之间的合作学习和问题解决能力培养，通过小组合作讨论和共同解决问题的方式进行教学。研究结果显示，采用这种教学设计的班级学生数学成绩显著提高，学生合作能力和问题解决能力也得到了明显的提升。实地应用验证了该教学设计的可行性和实用性，为学校数学教学提供了一种可行的教学模式。

7.10A 是否保持一致性？

这一标准检查研究不同部分是否存在逻辑和事实上的一致性，以确保研究质量的内在完整性。研究的理论框架、方法论、数据分析和结论应该相互支持，不存在自相矛盾的情况。如某项实证研究的理论假设和数据分析结果一致地支持了小班教学的有效性，这种内在一致性增强了研究结果的可信度和说服力。

例如，在一项研究中，研究者探究了学生参与度对学业成绩的影响。研究采用了问卷调查和学生成绩数据分析的方法，发现学生参与度与学业成绩之间存在显著的正相关关系。进一步分析发现，高参与度的学生通常具有是更好的学习成绩和表现出更积极的学习态度。这些结果与研究的理论假设和研究方法相一致，加强了研究结果的内在一致性和信服力。

7.11A 推论统计是否呈现在描述性统计之后？

在进行任何复杂的统计分析之前，首先提供描述性统计数据是非常重要的。描述性统计，如平均数（均值）、标准差、中位数和众数，帮助读者了解数据集的基本特征。例如，平均数提供了样本数据点的中心趋势的一个度量，标准差则告诉我们数据点围绕平均数的分散程度。这些信息为读者提供了数据的直观理解，为进一步的分析打下基础。

接下来，报告推论统计结果是研究过程的关键步骤。推论统计，如 t 检验、方差分析（ANOVA）、回归分析等，使研究者能够从样本数据推断出更广泛的结论。这些方法有助于检验研究假设，例如比较不同组的均值是否有统计学上的显著差异。按照这种顺序，即先进行描述性统计后进行推论统计，有助于读者跟随研究者的思路，清晰地理解数据分析的整个流程。

7.12A 是否检测了正态分布？

在应用某些推论统计方法之前，检测数据是否服从正态分布是非常重要的。许多传统的推论统计方法，如 t 检验，都基于数据呈正态分布的假设。如果数据违背了这一假设，那么使用这些方法可能导致误导性的结论。研究者可以通过图形（如直方图或 Q-Q 图）和统计测试（如 Shapiro-Wilk 测试）来检测数据的正态性。如果数据不服从正态分布，那么研究者应该考虑使用非参数方法，这些方法不依赖于正态分布的假设，因此提供了更加稳健的结果。

7.13A 如果是非正态分布，推论统计是否使用了非参数检验？

当数据不满足正态分布假设时，采用非参数检验是至关重要的。非参数检验，如 Wilcoxon 符号秩检验、Mann-Whitney U 检验和 Kruskal-Wallis H 检验，不需要数据服从特定的分布。这些检验通过对数据的排名而不是实际值进行分析，从而提供了一种分析非正态分布数据的有效方法。选择合适的非参数检验取决于数据的类型和研究问题。例如，Wilcoxon 符号秩检验适用于两个相关样本的比较，而 Kruskal–Wallis H 检验适用于三个或更多个独立样本的比较。

7.14A 如果计算了相关性，相关性检验类型是否与变量类型匹配？

在统计学中，相关性分析用于测量两个变量之间的关联程度。最常用的相关性检验包括 Pearson 相关系数和 Spearman 秩相关系数。

Pearson 相关系数适用于间隔（数值）和比例数据，测量两个变量之间的线性关系强度和方向。它的应用前提是数据至少呈近似正态分布，并且两个变量之间的关系是线性的。

Spearman 秩相关系数则适用于等级数据，即使数据不是正态分布的，也可以使用。它基于变量的排名而不是实际值来计算相关性，因此对异常值不敏感。

选择与数据类型匹配的相关性检验可以提供更准确和可靠的分析结果，从而为后续研究奠定更坚实的基础。

假设有一个教育心理学的研究主题是探讨学生的自我效能感（个人对自己完成特定任务的能力的信念）与他们的学术成绩之间的关系。研究者收集了一组数据，包括学生的自我效能感（通过问卷调查获得的数值数据）和他们的数学成绩（数值数据）。

在这个例子中，由于两个变量（自我效能感和数学成绩）都是数值数据，并且假设它们近似呈正态分布，研究者应选择使用 Pearson 相关系数来分析这两个变量之间的相关性，因为其能帮助研究者了解自我效能感和数学成绩之间的线性关系强度和方向。

7.15A 如果发现了统计学意义上的显著性，是否也提供了效应量数据？

发现统计学意义上的显著性后，还需提供效应量数据。虽然统计显著性告诉我们观察到的效果是否可能是偶然发生的，但它并不提供效应大小的信息。效应量是衡量研究结果实际重要性的关键指标。

例如，$Cohen's\ d$，是一种常用的效应量测量方法，特别适用于比较两个独立样本均值的情况。它提供了处理组和对照组之间差异的程度，有助于判断研究发现的实际意义。

效应量的报告使读者能够更全面地评估研究结果的重要性。例如，一个研究可能发现显著性结果，但如果效应量很小，那么这一发现在实践中可能不具有太大的意义。

考虑一个研究主题，旨在评估一种新的教学方法对学生阅读理解能力的影响。研究者将一组学生随机分配到两个组别：一组使用传统教学方法，另一组使用新的教学方法。研究结束后，两组的阅读理解能力通过标准化测试进行评估。

在这种情况下，研究者可能发现使用新教学方法的学生在阅读理解测试上表现显著优于使用传统教学方法的学生。虽然这个发现在统计上显著，但研究者还需要报告效应量（如 $Cohen's\ d$ ）来说明两组之间的差异程度。如果 $Cohen's\ d$ 值较大，则表明新教学方法对提高学生的阅读理解能力有显著的效果；如果 $Cohen's\ d$ 值较小，则表明尽管统计上显著，但新教学方法的实际效果可能较为有限。

7.16A 是否先呈现文字解释，再邻近呈现相应图表？

这一标准强调的是在报告研究结果时，先用文字总结主要结果和趋势，然后提供支持性的图表。这种方法的优点在于，它允许读者首先通过文字描述获得对研究结果的整体印象，这样的描述通常更直观、更易于理解。随后呈现的图表和数据则作为这些文字描述的补充和证实。这种方法避免了一上来就展示大量数字和图表可能带来的信息过载，有助于读者更系统、更深入地理解研究结果。

假设一个研究主题是探索在线学习工具在提高中学生数学成绩中的效果。研究者对一组学生实施了为期六个月的在线学习方案，并追踪了他们的成绩提升情况。

在报告中，研究者首先用文字总结了主要发现，例如："使用在线学习工具的学生在数学成绩上平均提高了 15%，尤其在代数和几何领域表现突出。"其次提供了相关的图表，如折线图或条形图，展示了学习前后学生成绩的具体变化。这种方式使读者先了解到关键信息，然后通过图表深入理解数据的具体细节。

7.17A 文字解释是否避免了简单地重复表格所传递的信息？

在研究报告中，文字解释的目的不仅仅是传递信息，更重要的是对信息进行分析和解释。因此，有效的文字描述应该避免简单地重复表格或图表中的数据。相反，它应该提供对这些数据的深入解释，说明数据背后的意义，讨论其对研究假设或问题的含义，以及可能的实践应用。这样的处理不仅避免了重复，也使得报告更加深入和有洞见。

假如某研究关注教师职业培训对教学质量的影响。研究者进行了一项调查，收集了参与职业培训的教师和未参与职业培训的教师的教学质量评分。

在报告中，研究者提供了一张表格，显示了两组教师的评分。在文字解释中，研究者并不是重述两组教师的评分，而是比较深入地分析了数据，如："职业培训似乎对提高教学质量有显著影响，特别是在学生互动和课堂管理方面。"这样的解释使读者能够对数据有进一步的理解，更具启发性和应用实践价值。

7.18A 当样本量较小时，是否避免了仅汇报比例，而省略基数造成曲解？

在小样本的研究中，仅报告比例而不提及基数（样本总数）可能导致误解或曲解结果。[①] 比如，在一个小样本研究中，某个现象的发生率可能很高（如50%），但如果基数很小（如2个中的1个），这个高比例实际上并不具有强烈的统计说服力。因此，在报告这类数据时，提供完整的信息（包括比例和相应的基数）是非常重要的，这有助于读者更准确地理解数据的意义和研究结果的重要性。

设想一个研究主题，旨在评估一个新的小班教学模式对初中生科学成绩的影响。该研究仅涉及30名学生。

在这个例子中，如果研究者发现在新的教学模式下，学生的优秀率提高了10%，那么仅报告这一比例是不够的。研究者应该明确指出这10%代

---

① Pyrczak, F.(2016). *Evaluating research in academic journals: A practical guide to realistic evaluation*. Routledge.

表的是 3 名学生的提升。这有助于读者正确理解这一结果在小样本情况下的实际意义，避免过度概括或误解。

7.19A 是否有效回应了所有假设？

在研究结果的呈现中，不仅应该回答主要研究问题，还应该有效地回应在研究设计阶段提出的所有假设。举例来说，一项研究可能提出了以下三个假设：

H1：不同教学方法下学生的学习成绩存在差异；

H2：学生的性别会影响学习成绩；

H3：家长的教育背景会影响学习成绩。

因此，在结果部分应该包括以下内容：首先，对 H1 进行统计检验，如独立样本 t 检验，以验证是否支持 H1。若支持，应明确说明结果；若不支持，也要明确说明，避免选择性报告支持自己的结果。其次，对 H2 进行分析，比如通过比较两组成绩间的效应量，以验证是否支持学生性别对学习成绩的影响（H2）。同样，应该明确呈现结果，无论是支持还是不支持原假设。最后，对 H3 进行相关分析或方差分析，以确定家长教育背景是否可以解释学习成绩的差异，从而验证 H3。同样，需要清晰地报告结果，无论是支持还是不支持原假设。

通过这样的结果呈现，读者可以清楚地了解每个假设的验证结果，从而更好地理解研究的整体结论。同时，也能够避免选择性地报告结果，保持研究的客观性和科学性。

评价量化研究结果的标准见表 7.1。

表 7.1 评价量化研究结果的标准

评价标准	是	不确定	否
1. 结果的呈现是否与研究问题的呈现顺序一一对应？			
2. 主要发现是否清晰呈现？			
3. 数据分析是否支持研究结果？			
4. 结果是否与研究问题一致？			
5. 结果是否包含支持数据？			
6. 结果解释是否清晰？			
7. 结果是否涵盖全部内容？			
8. 结果是否具有创新性？			
9. 结果是否具有可行性？			
10. 结果是否保持一致性？			
11. 推论统计是否呈现在描述性统计之后？			
12. 是否检测了正态分布？			
13. 如果是非正态分布，推论统计是否使用了非参数检验？			
14. 如果计算了相关性，相关性检验类型是否与变量类型匹配？			
15. 如果发现了统计学意义上的显著性，是否也提供了效应量数据？			
16. 是否先呈现文字解释，再邻近呈现相应图表？			
17. 文字解释是否避免了简单地重复表格所传递的信息？			
18. 当样本量较小时，是否避免了仅汇报比例，而省略基数造成曲解？			
19. 研究结果是否有效回应了所有假设？			

7.1B 质性研究的结果是否首先报告了具体的主题数量？

在此标准下，如果某研究进行了三级编码，那么研究结果应首先明确报告最终所提取的具体主题数量。这有助于读者快速了解研究发现的主要范畴及其重要性。例如，研究关于学生对远程学习平台的满意度的主题数量可能有五个，分别是平台易用性、课程内容质量、互动性、技术支持和学习成效。这样明确的表示可以帮助读者快速了解研究的核心议题。此外，明确报告主题数量还为后续的详细讨论提供了框架。通过提前列出主题数量，研究者可以在报告中有条不紊地展开对每个主题的分析和讨论，使得整个研究结果呈现更为有条理和系统化。

7.2B 如果使用了三级编码，是否提供了部分编码对应的表格式过程性截图

如果在研究中使用了三级编码（开放式、轴心式、选择式），则应提供相应的表格，展示这些编码的层次结构和彼此之间的关系。例如，对于研究关于教师教学方法的主题，子主题可能包括了直接教学、课堂互动、作业布置等，而细分主题可能包括了课堂讨论、小组活动等。提供这些表格有助于读者更清晰地理解主题和子主题之间的层次结构，从而更好地理解研究的编码方法和结果。

假设一个研究探讨了学生对在线学习平台的使用体验。在研究中，使用了三级编码来分类学生对平台的评价，主题包括了平台功能、用户界面、和课程内容。子主题可能包括了平台功能中的视频播放、在线作业提交等，用户界面中的布局、颜色等，课程内容中的质量、多样性等。细分主题可

能包括了视频播放中的加载速度、清晰度等，布局中的易用性、导航性等，课程内容中的教学设计、教材选择等。

7.3B 论述主题和编码时，是否引用了访谈原话、文档作品等证据做支撑？

在解释主题和编码时，应引用相关的访谈原话、文档作品或其他证据，以支持研究结果的可信度和说服力。

例如，某研究者通过深度访谈探究了教师在应对学生学习困难时的教学策略。当论述某个主题时，比如"鼓励学生参与课堂讨论"的编码，研究者可以引用访谈原话，例如一位教师说："我经常鼓励学生积极参与课堂讨论，通过提出问题和分享观点来激发他们的思考和交流。"这样的引用可以提供直接的证据，支持论述的主题和编码，使研究结果更加可信和具有说服力。

7.4B 是否使用了图表来提升结果汇报的清晰度和说服力？

为了提升研究结果的清晰度和说服力，应当使用图表来展示数据、统计结果或其他关键信息。质性研究中可以使用词云图或主题分布图等图表形式，因为这些图表形式可以帮助研究者更好地呈现和解释质性研究的数据和结果。词云图是一种将关键词按照其在文本中出现频率大小呈现的图表形式，通过字体大小和颜色的变化展示关键词的重要性和频率。这种图表形式直观地展示了研究文本中的关键主题和关键词，帮助读者快速抓住文本的核心内容和重点。

另外，主题分布图可以将不同主题或类别之间的关联性和分布情况呈现出来。通过主题分布图，研究者可以清晰地展示不同主题之间的关系和联系，揭示研究结果的结构和内在逻辑。这种图表形式有助于读者更好地理解研究结果的主题分布情况，帮助他们更系统地理解研究的发现和结论。

7.5B 是否描述了反思过程与进行了自我批评？

在质性研究中，反思与自我批评是提高研究客观性的关键。研究者需要在结果报告中积极地反思自己在整个研究过程中所扮演的角色，这不仅涵盖了可能的影响和偏见，而且包括了研究者的价值观、信念和文化背景对研究的影响。

这种反思可以通过具体讨论研究设计、数据收集和分析阶段中研究者的主观假设或立场是如何影响研究的进行和结果的解释来实现。诚实地揭示这些影响不仅增加了研究的透明度，还提升了其可信度和真实性。

例如，在针对"家庭环境对学前儿童语言发展的影响"这项研究中，研究者对自身在研究过程中的角色和偏见进行了深入的反思和自我批评。

首先，研究者意识到自己在研究设计阶段的主观假设和个人偏好可能会影响研究结果。比如，他们可能有意无意地偏向某些家庭环境因素，如经济水平或教育背景，而忽略其他可能对语言发展产生影响的因素。

其次，在数据收集阶段，研究者认识到自己的态度和先入为主的观点可能会对研究结果产生偏见。他们努力保持中立，并采取了多种方法来减轻这种影响，如尽可能客观地记录观察结果，避免主观臆断。

最后，在数据分析和结果解释阶段，研究者审视了自己的文化背景和个人偏好对研究的影响。他们意识到，个人的文化认知和语言观念可能会影响对语言发展的理解和解释，因此努力保持客观，并与其他研究者进行了交叉验证，以确保研究结果的准确性和可靠性。

通过这样的反思与自我批评，研究者增强了研究的可信度和真实性。

读者可以更好地理解研究结果的背景和可能存在的偏见，从而更准确地评估研究结论的可靠性和适用性。

评价质性研究结果的标准见表 7.2。

表 7.2　评价质性研究结果的标准

质性研究结果写作评价标准	是	不确定	否
1. 质性研究的结果是否首先报告了具体的主题数量？			
2. 如果使用了三级编码，是否提供了部分编码对应的表格式过程性截图？			
3. 论述主题和编码时，是否引用了访谈原话、文档作品等证据做支撑？			
4. 是否使用了图表来提升结果汇报的清晰度和说服力？			
5. 是否描述了反思过程与进行了自我批评？			

案例分析：研究结果

本研究通过对25位来自中国不同大学的入职5年以内的博士（"青椒"）进行扎根理论研究，揭示了知识隐藏与被隐藏在大学学术环境中的现状及其影响。以下是研究的主要发现：

1. 知识隐藏现象普遍存在

研究结果显示，知识隐藏在大学"青椒"群体中是一个普遍现象。在访谈中，多数受访者表示，他们在日常的学术交流和合作中遇到过知识隐藏的情况。这种隐藏行为通常表现为关键信息的不完全分享、重要资源的独占使用，以及对学术成果的过度竞争。

2. 影响因素分析

影响知识隐藏的因素多样，包括但不限于：

（1）职称晋升压力。为了在激烈的职称评审竞争中脱颖而出，一些"青椒"选择隐藏自己的研究成果或关键数据，以确保自己的优势地位。

（2）资源有限性。在资源紧张的学术环境中，为了确保项目的顺利进行和资金的持续支持，一些研究者可能会隐藏关键信息，以维护自己的研究项目。

（3）学术不信任。由于对同行的不信任，担心自己的研究成果被他人抢先发表或利用，一些"青椒"选择保留关键信息。

（4）文化因素。在某些学术文化中，知识被视为个人或团队的私有财产，这种文化背景鼓励了知识隐藏的行为。

3. 知识隐藏的影响

知识隐藏对"青椒"的学术发展产生了显著影响：

（1）职业发展受阻。由于关键信息的缺失，一些"青椒"在申请项目、发表文章或进行学术交流时遇到困难，影响了他们的职业晋升和学术声誉。

（2）团队合作效率降低。知识隐藏导致团队成员之间的信息不对称，降低了团队的整体协作效率和创新能力。

（3）学术环境恶化。长期的知识隐藏行为可能导致学术环境的恶化，损害学术诚信和公平竞争的原则。

4. 应对策略

受访者提出了多种应对知识隐藏的策略：

（1）建立信任机制。通过建立开放、透明的学术交流平台，促进知识共享，增强团队成员之间的信任。

（2）政策支持。高校应出台相关政策，鼓励知识共享，对知识隐藏行为进行适当的约束和惩罚。

（3）文化建设。培养一种以合作和共享为核心的学术文化，强调团队精神和集体成就。

【参考答案见 P.232】

8　如何评价讨论

讨论（Discussion）是学术论文中的一个重要部分，它在"Results"章节之后，用于对研究结果进行解释、分析和讨论。讨论部分的重要性在于它不仅为研究提供了更深层次的解释，还使作者能够将研究结果与现有文献联系起来，突出研究的价值和意义。

讨论部分的价值和意义包括以下几个方面。

解释结果：讨论部分允许作者对"Results"章节中呈现的数据和发现进行解释。作者可以阐明为什么出现了某些结果，分析这些结果的原因和影响，以及如何解释研究中的趋势和模式。

理论联系：讨论部分可以帮助作者将研究结果与先前的理论框架或已有文献联系起来。这有助于研究在学术领域中的定位，强调研究的理论贡献。

探讨局限性：作者可以在讨论中诚实地讨论研究的局限性，包括方法上的限制、数据的局限性以及潜在偏见。这有助于提高研究的透明度和可信度。

未来研究方向：讨论部分通常包括对未来研究方向的建议，这有助于指导未来研究者在研究领域中的方向和优先事项。

审稿人在评估讨论部分时通常关注以下几个方面。

解释和合理性：审稿人会评估讨论部分的解释和解释结果的合理性。作者是否能够清晰、合理地解释研究结果，确保其与数据相符？

理论联系和学术价值：审稿人通常关注作者是否成功将研究结果与现有理论联系起来，并强调研究的学术价值？是否有足够的文献支持和理论基础？

局限性的诚实性：审稿人会评估作者是否诚实地讨论了研究的局限性。这种诚实性对于提高研究的透明度和可信度至关重要。

未来研究方向：审稿人可能会考虑作者提出的未来研究方向是否合理、有前瞻性，并是否与研究的发现相关。

因此，讨论部分在学术论文中扮演着至关重要的角色，它不仅有助于解释研究结果，还将研究放入更广泛的学术背景中，强调其贡献和价值。审稿人通常会关注讨论部分的清晰度、合理性、学术价值和未来研究方向的提出。

对于量化研究的讨论部分，评价标准会侧重于数据分析的解释、统计结果的合理性、研究结果的普遍性和实际应用。以下是针对量化研究讨论章节的评价标准。

8.1 是否首先重述了本研究的目的？

这个标准要求在讨论部分的开头，首先对研究的目的进行重述。这样做有助于读者回顾研究的目标，并将讨论的内容与研究目的联系起来。重述研究目的还能够确保讨论部分的内容与研究问题保持一致，避免偏离主题。例如，在一项关于学生数学学习策略的研究中，讨论部分首先重述了研究的目的，即探究不同数学学习策略对学生数学成绩和学习态度的影响。通过这一重述，读者可以清晰地了解讨论部分的内容将围绕着这一目的展开，并对研究结果进行分析和评价。

8.2 是否简要重述了研究结果？

这个标准要求在讨论部分中简要重述研究结果。这有助于读者快速回顾研究的主要发现，并为后续的分析和评价提供一个框架。重述研究结果也有助于确保讨论部分的内容与研究结果保持一致，并避免遗漏或误解重要的研究发现。比如说，在上述学生数学学习策略的研究中，讨论部分简要重述了研究结果，指出采用某种特定的数学学习策略可以显著提高学生的数学成绩，并且对学生的学习态度也产生了积极的影响。这一重述使读者能够快速了解研究的主要结果，并为后续的分析提供了一个框架。

8.3 是否对研究结果进行了深刻的分析与评价？

这个标准要求讨论部分对研究结果进行深入的分析与评价，而不仅仅是简单地重复研究结果。这种分析与评价应该包括对研究结果的意义、局限性、未来研究方向等方面的讨论，以帮助读者更全面地理解研究的贡献和局限性。例如，在一项关于家长参与对学前儿童阅读能力影响的研究中，发现家长参与儿童阅读活动与儿童的阅读能力呈显著正相关。那么在讨论部分，我们可以进行如下深入的分析与评价。

首先，可以分析为什么家长参与与儿童阅读能力呈正相关。可能的解释包括家长参与可以促进儿童对阅读的兴趣，提供更多的阅读机会和支持，以及在家庭环境中创造更有利于阅读发展的氛围。这对于教育实践和政策制定具有重要意义，强调了家长参与在培养儿童阅读能力方面的重要性。

其次，可以考虑研究结果的局限性。例如，该研究可能受到样本选择偏差的影响，导致结果不具有普遍性。此外，家长参与的方式和程度可能因文化、社会经济地位等因素而异，这也会影响对研究结果的解释。因此，我们应该谨慎地推广这一结果，并在未来的研究中进一步探究影响家长参与的因素和机制。

最后，可以讨论未来研究的方向。例如，可以进一步研究不同类型的家长参与对儿童阅读能力的影响，探索家庭环境和社会文化因素对家长参与的影响，以及设计干预措施来促进家长参与和提升儿童阅读能力等。这些未来的研究方向可以进一步完善我们对这一领域的理解，并为教育实践提供更具体的建议。通过这样的深入分析与评价，不仅能使读者更好地理解研究结果的意义和局限性，还能为未来的研究提供方向和建议，从而促进学术领域的发展和教育实践的改进。

8.4 是否结合了文献综述部分提及的重要文献来讨论结果？

在这个标准中，研究者被要求将研究结果与文献综述部分中提到的重要文献进行联系和比较。这种做法有助于深化对研究结果的理解，将其置于已有研究的背景中，并对新的发现进行进一步的解释和评价。

例如，在一项关于在线教育对学生学习成绩影响的研究中，研究者结合了文献综述中提到的重要文献，如前人关于在线教育的效果和挑战的研究。通过比较研究结果与前人研究的结论，研究者发现他们的研究结果与之前的研究结果一致，即在线教育可以提高学生的学习成绩；同时，他们也注意到一些差异，如在不同类型的学生群体中，在线教育的效果可能存在差异。这样的分析和讨论有助于读者更好地理解研究结果。

8.5 是否讨论了研究结果的普遍性，即它们是否可以推广到更广泛的群体或情境？

这个标准要求研究者讨论研究结果的普遍性，即研究结果是否可以推广到更广泛的群体或情境。这种讨论有助于评估研究结果的外部有效性，并确定它们在不同情境下的适用性和一般性。

例如，在一项关于教师专业发展对学生学习成绩影响的研究中，研究者讨论了研究结果的普遍性。他们指出，虽然研究结果表明教师专业发展对学生学习成绩有积极影响，但这种影响可能受到不同学校环境、教育政策和教师特质等因素的影响。因此，研究结果的推广应该考虑到这些因素，并在不同情境下进行进一步的验证和确认。

8.6 是否提出了对现有理论的支持、挑战或修正？

在这个标准中，研究者被要求讨论研究结果对现有理论的影响。这包括对研究结果是否支持、挑战或修正现有理论的分析和讨论。

例如，在一项关于学生参与度对学习成绩影响的研究中，研究者发现学生参与度与学习成绩呈正相关。同时，他们也发现了一些与现有理论不一致的结果。比如，某些学生在低参与度下也能取得较好的学习成绩，这与 Vygotsky 的社会文化理论强调的参与度与学习成绩之间的密切关系略有不同。因此，研究者对现有理论提出了一定程度的挑战，认为可能还存在其他影响学习成绩的因素，需要进一步研究和探索。

通过这样的分析和讨论，研究者不仅加深了读者对研究结果的理解，还为学术界提供了对现有理论的反思和启示，为未来的研究和实践提供了新的方向和思路。

8.7 是否强调了研究对现有知识体系的贡献和创新点？

在这个标准中，研究者被要求强调研究对现有知识体系的贡献和创新点。这包括对研究结果如何填补知识空白、拓展现有理论、提供新的见解或方法的讨论和强调。这有助于突出研究的重要性和独特性，以及对学术界和实践的价值。

例如，在一项关于家庭阅读对儿童语言发展的影响的研究中，研究者强调了研究对现有知识体系的贡献和创新点。他们指出，虽然之前的研究已经表明家庭阅读对儿童语言发展有积极影响，但他们的研究进一步揭示了家庭阅读的特定方式和频率与不同年龄段儿童语言发展的关系。这一发现填补了之前研究的空白，拓展了现有理论，并为家长和教育工作者提供了更具体的指导和建议。

8.8 是否合理解释了研究结果与已有文献不一致的地方？

这个标准要求研究者合理解释研究结果与已有文献不一致的地方。这可能涉及对研究方法、样本特征、研究对象的差异等因素的讨论，以帮助读者更好地理解结果的独特性和可能的局限性。

例如，在一项关于在线教育对学生学习成绩影响的研究中，研究者发现他们的结果与之前的一些研究不一致。他们合理解释了这种不一致的原因，指出可能是他们选择了不同类型的学生群体、采用了不同的教学方法、或者研究环境和时间的差异。通过这样的解释，研究者帮助读者更好地理解研究结果的独特性和可能的局限性，同时也提供了对未来研究的启示和建议。

8.9 是否基于当前研究的发现提出了后续研究的方向，以进一步验证或扩展结果？

这个标准要求研究者根据当前研究的发现提出后续研究的方向，以进一步验证或扩展结果。这种提出有助于推动学科领域的发展，填补知识空白，进一步深化对研究问题的理解。

例如，在一项关于学生使用社交媒体对学业成绩影响的研究中，研究者根据当前研究的发现提出了后续研究的方向。他们建议进一步研究学生在不同类型的社交媒体平台上的活动对学业成绩的影响是否存在差异，并探索可能的影响机制。此外，他们还建议将研究对象扩展到不同年龄段和文化背景的学生群体，以获得更全面的理解。这样的建议有助于进一步深化对学生社交媒体使用行为与学业成绩之间关系的理解。

8.10 在讨论中是否展现了批判性思维，对研究结果进行了多角度的分析？

这个标准要求在讨论中展现批判性思维，对研究结果进行多角度的分析。这包括对研究结果可能存在的局限性、不确定性、偏见等方面的审视，以及对可能的解释和解释的可靠性进行评估。

例如，在一项关于教师反馈对学生学习成绩影响的研究中，研究者展现了批判性思维，在讨论中对研究结果进行了多角度的分析。他们识别了研究中的一些潜在局限性，如样本量较小、研究时间较短等，这可能影响到研究结果的可靠性。此外，他们还探讨了其他可能的解释，如学生学习动机、教师反馈内容和形式的差异等因素对研究结果的影响。通过这样的分析，研究者提供了对研究结果更全面的理解，并为未来的研究提出了可能的改进方向和探索方向。评价讨论的标准见表 8.1。

表 8.1　评价讨论的标准

评价标准	是	不确定	否
1. 是否首先重述了本研究的目的？			
2. 是否简要重述了研究结果？			
3. 是否对研究结果进行了深刻的分析与评价？			
4. 是否结合了文献综述部分提及的重要文献来讨论结果？			
5. 是否讨论了研究结果的普遍性，即它们是否可以推广到更广泛的群体或情境？			
6. 是否提出了对现有理论的支持、挑战或修正？			
7. 是否强调了研究对现有知识体系的贡献和创新点？			
8. 是否合理解释了研究结果与已有文献不一致的地方？			
9. 是否基于当前研究的发现提出了后续研究的方向，以进一步验证或扩展结果？			
10. 在讨论中是否展现了批判性思维，对研究结进行了多角度的分析？			

9 如何评价结论

结论（Conclusion）是学术论文正文的最后一个模块，它提供了对研究的最终总结和评估，强调了研究的重要性和学术价值，并为未来的研究指明了方向。因此，结论部分的写作应该清晰、简洁，并回答所有研究问题，以确保读者对研究的核心内容有明确把握。

9.1 是否首先重述了本研究的目的、方法和意义？

在学术期刊论文的结论部分，首先用两句话重述研究的目的、方法和意义对于确保论文的完整性和沟通的有效性十分必要。这一做法不仅有助于读者回顾和巩固研究的核心内容，而且也对编辑和审稿人理解论文的价值和结构起到了关键作用。

对于读者来说，结论部分的重述提供了一个回顾研究背景和目标的机会，这有助于他们更好地理解研究问题的重要性和研究结果的意义。同时，通过重述研究方法，读者可以评估研究设计的合理性，理解结果是如何得出的，为可能的复制或验证研究奠定基础。此外，重述研究的意义可以强调研究对学术界、实践领域或政策制定的潜在贡献，让读者认识到研究的长远影响和应用价值。

对于编辑和审稿人而言，结论部分的重述有助于他们快速把握论文的主旨和贡献，从而决定是否适合发表。清晰的重述可以帮助编辑确认论文的组织结构是否合理，简洁的总结则有助于他们快速识别论文的核心价值。

9.2 是否清晰地总结了研究的主要发现？

研究的主要发现包括对研究结果的简明概括，突出研究的重点和关键发现，以便读者快速了解研究的核心内容。一方面，这些发现的呈现顺序应该尽量与引言部分提出的研究问题一一对应；另一方面，如果研究问题数量比较多，可以挑选最为关键的发现进行总结。如果适用，使用列表或项目符号来组织结论中的要点，这有助于提高可读性。案例见表 9.1。

表 9.1　总结研究发现的案例

案例	引言部分提出的研究问题： 1. 工作压力是否会降低员工的工作满意度？ 2. 工作压力如何影响员工的心理健康？ 3. 工作满意度和心理健康之间是否存在关联？ 结论部分的简明概括示例： 本研究的主要发现揭示了工作压力与员工工作满意度及心理健康之间的显著关联。首先，我们发现高工作压力显著降低了员工的工作满意度（研究问题 1）。具体而言，工作压力每增加 1 个标准差，工作满意度下降约 0.4 个标准差。其次，工作压力也与较差的心理健康状态相关（研究问题 2）。员工报告的工作压力越大，其心理健康状况越差，表现为更高的焦虑和抑郁症状。最后，工作满意度与心理健康之间存在正向关联（研究问题 3）。高满意度的员工更有可能报告良好的心理健康状况，反之亦然。 这些发现强调了在工作场所减轻压力和提高满意度的重要性，以及它们对员工心理健康的积极影响。尽管我们的研究结果基于一个特定行业的样本，但它们为未来的研究提供了一个框架，即探索不同行业和文化背景下工作压力对员工福祉的影响，并为组织提供了实施有效压力管理策略的依据。

点评	该示例的结论部分遵循了以下原则。 对应研究问题：发现的呈现顺序与引言部分提出的研究问题一一对应，确保了研究问题的完整性和连贯性。 突出重点：通过简明的语言突出了研究的重点和关键发现，使读者能够迅速把握研究的核心内容。 关键发现的总结：即使研究问题数量较多，结论部分也挑选了最为关键的发现进行总结，避免了冗余和不必要的细节。 未来研究方向：提供了基于当前研究结果的未来研究方向，为学术界和实践领域提供了进一步探索的起点。

9.3 是否简单明了，避免了不必要的复杂性？

这个标准要求结论部分能使读者清晰地理解研究的主要发现和结论，而不被冗长的叙述所困扰。很多论文中其实混淆了结论与结果这两个概念，以为结论部分就是重述研究结果，只不过更为简洁。实际上，二者有较多区别。结果部分是研究数据和观察的直接陈述，客观地展示了实验或调查得到的发现。这部分通常不涉及对数据的解释或评价，而是简单地报告了研究中收集到的事实。结果的表述应该是详细的，包括必要的统计数据和图表，以便于读者能够完全理解研究的发现。此外，结果部分的组织通常遵循实验或分析的逻辑顺序，帮助读者跟随研究的步骤。

相比之下，结论部分则是对整个研究的总结，不仅回顾了研究的主要发现，还强调了这些发现的意义和对相关领域的影响。在结论中，作者可以对结果进行解释，提供个人的评价和见解，从而引入一定的主观性。结论的语言应该简洁而明确，避免不必要的复杂性，聚焦于研究的核心贡献。此外，结论部分常常提出未来研究的方向，基于当前研究的发现和局限性，为后续研究提供建议和指引。案例见表 9.2。

表 9.2　撰写研究结论的案例

案例	结果部分的描述： 　　在这项研究中，研究者们对一组双语儿童和一组单语儿童进行了一系列的心理认知测试，包括记忆、注意力和解决问题的能力。结果显示，双语儿童在某些认知任务上表现得更好。例如，双语儿童在需要忽略干扰信息的注意力转移任务中，反应时间比单语儿童短快约 15%。此外，双语儿童在记忆任务中回忆信息的准确率也显著高于单语儿童。这些数据通过统计分析得到了验证，表明双语学习对儿童认知能力的积极影响是具有统计学意义的。 结论部分的描述： 　　基于上述结果，本研究得出结论，双语学习对儿童的认知发展具有积极作用，特别是在提升注意力控制和记忆力方面。这一发现支持了先前关于双语可以增强认知灵活性的理论。研究结果还提示教育者和家长，鼓励儿童在早年学习第二语言可能有助于其认知能力的全面发展。同时，研究也指出了一些局限性，如样本量有限，且主要集中在特定文化和语言背景下的儿童。因此，未来的研究需要在更广泛的文化和语言环境中，进一步探索双语学习对儿童认知发展的影响，并考虑不同年龄和学习背景的儿童。
点评	我们可以看到结果部分主要是对实验数据的直接陈述，结论部分则基于这些数据提供了对研究结果的解释、评价以及对未来研究方向的指引。结果部分保持了客观性和详细性，结论部分则包含了作者的主观分析和建议。

9.4 是否强调了研究对学术界或实践领域的贡献？

　　研究贡献包括描述和强调研究结果对学术理论、方法论或实践应用的重要性，以突出研究的价值和意义。优质的学术期刊论文往往尤其重视研究的原创性和开创性。案例见表 9.3。

表 9.3　结论部分突出研究贡献的案例

案例	研究案例背景： 　　在高等教育中，学生的学习动机是影响其学术成就和课程参与度的关键因素。随着人工智能技术的快速发展，特别是生成式人工智能（如自然语言处理和机器学习模型），在教育领域的应用日益增多，为提升学生学习动机提供了新的可能性。 　　结论部分强调研究贡献： 　　本研究通过引入贡献式学习框架，并将其与生成式人工智能相结合，为大学生学习动机的提升提供了一种创新的方法。研究的主要贡献和原创意义如下。 　　学术理论贡献：本研究扩展了贡献式学习理论，将其应用于高等教育环境，并探讨了其与生成式人工智能结合的潜力。通过实证研究，本研究为理解技术如何增强学生内在动机和参与度提供了新的理论见解。 　　方法论贡献：本研究采用了混合方法，结合定量和定性数据分析，为评估教育技术干预的效果提供了一种全面的研究设计。这种方法可以为未来教育技术研究提供参考。 　　实践应用贡献：研究结果表明，结合贡献式学习和生成式人工智能的个性化学习体验能够显著提升学生的学习动机。这为教育工作者和课程设计者提供了实用的策略，以促进学生的积极参与和深度学习。 　　技术原创性：本研究是首次将生成式人工智能应用于贡献式学习环境，展示了如何通过智能系统生成个性化的学习材料和反馈，以适应每个学生的学习需求和偏好。 　　教育政策贡献：研究强调了在教育政策中考虑和整合先进技术的重要性，以促进教育的个性化和适应性。这为教育政策制定者提供了关于如何利用人工智能技术来提升教育质量和学生成果的见解。
点评	通过上述结论部分，研究者不仅总结了研究的主要发现，还突出了其对学术理论、方法论、实践应用、技术原创性以及教育政策的贡献。这种强调有助于读者理解研究的深远影响，并认识到其在教育技术领域的开创性。同时，这也为学术界和教育实践领域的未来工作提供了明确的方向和建议。需要注意的是，大部分的期刊论文对于贡献的描述以段落为主，且篇幅有限，所以更考验作者对于文字的凝练能力。

9.5 提出的后续研究建议或实践应用是否具有实用性？

提出的后续研究建议或实践应用的实用性是衡量研究价值的重要标准之一。实用性意味着这些建议或应用能够被有效地转化为实际的行动或解决方案，对学术界、教育实践、政策制定或工业应用产生积极影响。以下是几个关键点，用以评估后续研究建议或实践应用的实用性。

（1）明确性：建议或应用需要具体明确，提供清晰的步骤或方法，使得其他研究者或实践者能够理解和实施。

（2）可行性：建议或应用应考虑现实世界的约束，如时间、资源、技术或政策限制，确保它们在现实环境中是可行的。

（3）相关性：提出的建议或应用应与当前的研究问题或实践需求紧密相关，解决实际问题或满足实际需求。

（4）影响性：建议或应用应具有潜在的正面影响，能够改善现状、提高效率、促进创新或增强理解。

（5）可评估性：应能够评估建议或应用的效果，包括它们如何被实施以及实施后的结果。

（6）可扩展性：建议或应用应具备一定的灵活性和适应性，能够适用于不同的环境或情境。

（7）成本效益：考虑实施建议或应用的成本与其带来的益处，确保投资回报是合理的。案例见表9.4。

表 9.4　撰写研究建议的案例

案例	基于本研究的结果，我们建议教育技术开发者和教育工作者考虑以下实用性措施： 　　（1）开发个性化学习工具：利用生成式人工智能技术开发能够根据学生个人学习进度和兴趣提供定制化学习材料和反馈的工具。 　　（2）实施贡献式学习策略：在课程设计中融入贡献式学习的元素，鼓励学生通过协作和共享知识来提高学习动机和参与度。 　　（3）培训教育工作者：为教师提供有关如何有效利用人工智能工具和贡献式学习策略的专业发展培训。 　　（4）评估和迭代：建立机制来评估这些工具和策略的效果，并根据反馈进行迭代改进。 　　（5）多学科研究：鼓励跨学科合作，以探索生成式人工智能在不同教育环境和学科中的应用潜力。这些建议不仅基于实证研究的结果，而且考虑了教育实践的具体需求和约束，提供了明确的行动指南
点评	通过这种方式，研究者确保他们的建议具有高度的实用性，能够为教育实践带来积极的变化，但是需要指出，针对不同的研究对象，建议和启示部分也要体现差异化和侧重点。例如，针对小学教师的研究，在建议部分涵盖学校、家长和社区固然重要，但更为重要的是为小学教师群体提供相对较多、较为聚焦的建议。这种侧重可以体现在不同利益相关者所占篇幅的比例上

9.6 是否讨论了研究的局限性？

研究的局限性（Limitations）指的是在进行科学研究时遇到的各种限制条件，这些条件可能会影响研究结果的解释、推广和可靠性。了解和讨论研究局限性对于保持研究的透明度和诚信至关重要。以下是一些常见的研究局限性类型。

（1）样本大小和代表性：如果样本太小或不具代表性，研究结果可能无法推广到更广泛的群体。

（2）研究设计：某些研究设计可能无法充分控制所有变量，导致结果受到混杂因素的影响。

（3）测量工具的可靠性和效度：所使用的测量工具如果是自编的则要比权威问卷更容易受到效度的质疑。

（4）数据收集方法：数据收集的方式可能会引入偏差，如自我报告的数据可能受到个人记忆、社会期望等因素的影响。

（5）研究实施：在研究过程中可能出现的错误或不一致性，如实验操作失误、数据记录错误等。

（6）理论框架：研究可能基于特定的理论框架，其局限性可能会限制结果的解释。

（7）文化和地域限制：研究可能只在特定的文化或地域背景下进行，限制了其跨文化的适用性。

（8）时间和资源限制：研究可能由于时间和资源的限制而无法进行长期跟踪或采用更复杂的研究设计。

（9）伦理限制：某些研究可能出于伦理考虑而无法采用最佳的研究设计，如随机对照试验。

新手研究者有时听到局限性会感觉如临大敌，害怕自己的论文过不了审，或者被拒稿。其实不然。研究局限性是科学探索过程中不可避免的一部分，并不意味着你的研究存在缺陷。相反，它们反映了现实世界的约束，如时间、资金、资源和技术的限制，以及研究设计、样本选择和数据收集方法等方面的挑战。这些局限性对于初步或探索性研究尤其常见，它们为未来的研究奠定了基础，促进了科学知识的累积和发展。研究者通过公开讨论这些局限性，展示了对研究过程的深刻理解，增强了研究的透明度和诚信。此外，研究者还应该提出可能的解决方案或建议，以克服这些限制，并为未来的研究提供方向。案例见表9.5。

表 9.5　研究局限性的案例

案例	本研究虽然提供了关于贡献式学习和生成式人工智能在提升大学生的学习动机方面的有价值见解，但也存在一些局限性。首先，我们的研究样本仅限于特定地区的几所大学，这可能限制了研究结果的普遍适用性。其次，尽管我们采用了混合方法，但定量数据的收集主要依赖于学生的自我报告，这可能引入了偏差。最后，我们的研究设计未能充分考虑文化差异对学习动机的影响。 　　鉴于这些局限性，我们建议未来的研究应该扩大样本范围，包括不同文化背景的学生，并采用更多样化的数据收集方法，如观察研究或生理测量，以减少依赖自我报告的偏差。同时，研究应该探索文化因素如何影响贡献式学习和人工智能在教育中的应用。通过这些努力，我们可以更全面地理解这些工具和策略在不同教育环境中的效果，为教育实践提供更有力的支持
点评	通过在结论中讨论研究的局限性，研究者展示了对研究过程的深刻理解，同时也为读者提供了一个更全面的视角来评估研究结果的意义和可靠性。此外，这也为学术界提供了未来研究的潜在方向，促进了知识的积累和发展

9.7 是否指出了基于本研究结果的未来研究方向甚至建议选题？

　　在学术研究的结论部分指出基于本研究结果的未来研究方向，并建议具体的研究选题，是一个重要的实践。这种做法不仅为学术界提供了研究的连续性，还有助于推动该领域知识的进一步发展。指出未来研究方向的重要性体现在几个方面：首先，保持学术对话的连续性，鼓励其他研究者在现有研究的基础上继续探索；其次，明确的建议可以为新研究提供具体的出发点，缩短后续研究者的摸索时间；再次，建议未来的研究选题可以扩展当前研究的边界，探索新的变量、理论或应用场景；从次，讨论未来研究也可以指出当前研究的局限性，并提出如何克服这些局限的方法；最后，建议的研究选题可能直接关联到实际应用，有助于将研究成果转化为实践。通过这种方式，学术研究可以更加系统和全面地推动领域知识的发展，为未来研究提供有益的指导和启示。案例见表 9.6。

表 9.6 未来研究方向的案例

案例	《远程工作对员工工作生活平衡的影响》 本研究虽然揭示了远程工作在提高员工工作生活平衡方面的潜力，但也指出了与远程工作相关的沟通挑战和孤立感问题。基于这些发现，我们建议未来的研究可以探索以下几个方向。 （1）跨文化研究：研究远程工作对不同文化背景下员工的影响，考虑文化价值观和工作习惯的差异。 （2）长期影响研究：进行长期追踪研究，以了解远程工作对员工健康和福祉的长期影响。 （3）技术干预研究：评估不同类型的通信和协作技术如何帮助缓解远程工作中的沟通问题和孤立感。 （4）工作设计的影响：研究工作设计因素（如任务自主性、工作灵活性）如何调节远程工作对工作生活平衡的影响
点评	通过这种方式，研究者不仅总结了自己的研究发现，还为后续研究提供了明确的方向，这些方向直接关联到当前研究的局限性和未来可能的知识空白。这种前瞻性的建议有助于学术界系统地推进该领域的研究工作。此外，提出具体的未来研究方向或选题建议能够给编辑和审稿人留下积极的印象，表明作者对研究主题有深入的理解和批判性的认识，能够识别研究领域中尚未解决的问题，同时也显示出作者具有前瞻性的学术洞察力，能够预见该领域的发展趋势和潜在的研究需求

9.8 篇幅是否在一页 A4 纸的 1/3～2/3？

结论部分的篇幅并没有严格的规则，应根据论文的总长度、研究的复杂性以及作者想要强调的点来决定。然而，作为一般性的指导，学术期刊论文的结论部分的篇幅通常被建议控制在一页 A4 纸的 1/3～2/3。这种篇幅的控制有助于保持结论部分的紧凑和重点突出，避免冗余和不必要的重复。评价结论的标准见表 9.7。

表 9.7　评价结论的标准

评价标准	是	不确定	否
1.是否首先重述了本研究的目的、方法和意义？			
2.是否清晰地总结了研究的主要发现？			
3.是否简单明了，避免了不必要的复杂性？			
4.是否强调了研究对学术界或实践领域的贡献？			
5.提出的后续研究建议或实践应用是否具有实用性？			
6.是否讨论了研究的局限性？			
7.是否指出了基于本研究结果的未来研究方向甚至建议选题？			
8.篇幅是否在一页 A4 纸的 1/3–2/3？			

结论的案例分析

1. 综合研究发现

本研究通过对中国不同大学入职 5 年以内的博士进行深入访谈，揭示了大学"青椒"知识隐藏与被隐藏现状的复杂性。首先，我们发现，知识隐藏行为受到多种因素的影响，包括竞争压力、对知识产权的担忧，以及对个人职业发展的考虑。这些因素在中国高等教育的特定背景下表现出独特的特征。其次，我们还注意到，被隐藏的知识对"青椒"的教学和研究工作产生了负面影响，限制了学术交流的广度和深度，阻碍了创新思维的发展。最后，大学的组织文化和工作环境在知识隐藏与被隐藏的现象中扮演了重要角色，开放和合作的环境有助于减少知识隐藏现象。

2. 理论贡献

本研究为扎根理论在高等教育领域的应用做出了重要贡献。通过实证研究，我们不仅验证了扎根理论在探索未充分研究领域的有效性，而且提供了关于年轻学者行为模式的新视角。这一研究扩展了我们对知识隐藏现象的理解，特别是在中国高等教育的特定背景下。

3. 实践意义

对于大学管理者和政策制定者而言，本研究的结果提供了宝贵的见解。为了促进知识共享和学术创新，建议大学管理层采取措施减少不必要的竞争压力，建立更加开放和支持的学术环境。此外，提高对知识产权保护的认识，以及为年轻学者的职业发展提供更多支持，也是促进知识共享的重要策略。

4. 未来研究方向

本研究为未来的研究方向提供了启示。首先，未来的研究应考虑包括更广泛和多样化的样本，以增强研究的普遍性和可靠性。其次，采用定量研究方法，如问卷调查，可以验证和扩展本研究的定性发现。最后，探索不同学科和文化背景下的知识隐藏现象，将有助于全面理解这一复杂现象。

【参考答案见 P. 233 】

10 如何评价系统文献综述论文

系统文献综述（Systematic Literature Review）是一种系统性、结构化的研究方法，也是一种独立的论文类型，旨在综合和评价特定研究领域内所有可用的证据和文献。在我国目前的学术论文发表中，与思辨类的论文相比，系统文献综述与实证论文仍占少数，但随着知识的创造和积累的速度大幅提升，可以预见未来几年系统文献综述的发表数量应该会逐步上涨。

系统文献综述与实证研究存在哪些方面的差异？从目的上看：系统文献综述论文的主要目的是综合和分析某一领域内的现有文献，以识别研究趋势、理论缺口和未来研究方向，它们通常不产生新的数据，而是对现有研究成果进行整合和评述；实证论文则旨在通过实验、调查或数据分析等方式，报告和分析原始研究结果，以验证假设、测试理论或探索新的研究问题。从方法上看说，系统文献综述论文使用的方法侧重于文献的系统搜索、筛选、评估和综合，这可能包括制定搜索策略、确定纳入和排除标准、进行质量评估和使用元分析等技术；实证论文的方法部分则详细描述了研究设计、数据收集和分析过程，包括研究样本、工具、程序和统计分析方法。从写作风格上讲：系统文献综述论文更倾向于批判性思维和综合分析，强调对现有文献的深入理解和批判性评价；实证论文则更侧重于客观报告研究过程和结果，强调方法的严谨性和结果的有效性。另外，系统文献综述常常与元分析（Meta-Analysis）相提并论，研究者有必要了解二者的异同，避免混淆。首先，两者都涉及对已有研究文献进行综合和分析。系统文献综述通过系统性地收集、筛选和综合已有文献中的研究结果和观点，从而总结和概括研究的主要结论和趋势；元分析则通过对多个独立研究中的数据进行统计合并和分析，计算出一个综合的效应量，量化研究结果的总体效应。因此，两者都致力于综合和分析已有研究，以得出结论和推断。

其次，系统文献综述和元分析都可以为研究领域提供重要的综合性信息和见解。通过系统文献综述，研究人员可以全面了解某一领域的研究现状和发展趋势，发现研究之间的一致性和差异，提出未来研究的方向和建议；通过元分析，研究人员可以合并多个研究的数据，量化研究结果的总体效应，提高研究的统计功效和可信度，得出更为稳健的结论。

有时候，系统文献综述和元分析在实践中可能会交叉使用，因为它们各自具有独特的优势和局限性。例如，一些研究团队可能会先进行系统文献综述，了解研究领域的现状和问题，然后进行元分析，合并已有研究的数据并量化效应量。通过结合两种方法，研究人员可以更全面地分析和理解研究领域的情况，并得出更为可靠的结论和建议。

另外一个常被混淆的体裁是范围性综述（Scoping Review）。同系统文献综述一样，它既是一种研究方法，也是一种论文类型。旨在广泛地调查和总结研究领域内的文献，以识别主题、概念、证据和研究间的关系，帮助研究人员厘清研究领域的范围和深度。与传统的系统文献综述不同，范围性综述更注重对研究领域的广泛覆盖和概括，不一定要求进行详尽的质量评价或数据合成，而是着重于描绘研究领域的全貌和关键特征。

系统文献综述和范围性综述在研究方法和目的上有一些共同点和差异。

共同点在于：两者都是通过系统性地收集、筛选和综合文献，以总结研究领域的主要结论和趋势。两者都有助于研究人员了解研究领域的现状和问题，发现研究之间的关系和差异，为未来研究提供方向和建议。

不同点在于：系统文献综述更侧重于深入地评价和综合已有研究的质量和结论，通常包括详细的文献搜索、数据提取和质量评价等步骤，以得出结论性的见解和建议；范围性综述则更注重对研究领域的广泛调查和概括，不一定要求进行详尽的质量评价或数据合成，其目的是描绘研究领域的全貌和关键特征，帮助研究人员了解研究领域的范围和深度。

假设研究主题是"社交媒体对青少年社交行为的影响"，我们将以社会学的角度来说明在这一研究主题下进行系统文献综述、范围性综述和元分析可能的区别。

（1）系统文献综述：在进行系统文献综述时，研究人员会进行详尽的文献搜索，筛选出符合特定标准的研究文献，并对这些文献进行质量评价和数据提取。针对社交媒体对青少年社交行为的影响，系统文献综述可能会包括各种研究设计和方法的研究，如调查研究、实验研究、质性研究等。通过系统文献综述，研究人员可以总结并分析已有研究关于社交媒体对青少年社交行为影响的主要发现、趋势和结论，提出未来研究的方向和建议。

（2）范围性综述：在进行范围性综述时，研究人员会广泛地调查和总结研究领域内的文献，以识别主题、概念、证据和研究间的关系。对于社交媒体对青少年社交行为的影响，范围性综述可能会包括各种类型和来源的文献，不一定要求进行详尽的质量评价或数据合成。范围性综述的重点在于描绘研究领域的全貌和关键特征，帮助研究人员厘清社交媒体对青少年社交行为的影响的范围和深度。

（3）元分析：在进行元分析时，研究人员会收集各个独立研究中的数据，进行统计合并和分析，计算出一个综合的效应量。对于社交媒体对青少年社交行为的影响，元分析可能会合并各个研究中关于这一主题的效应量，以量化社交媒体对青少年社交行为的总体影响。通过元分析，研究人员可以得出更为稳健的结论，量化研究结果的总体效应。

确定要进行系统文献综述之后，我们通常遵循以下几个主要步骤。

（1）问题制定与目标确定：研究者需要清晰地界定要综合的研究领域和范围，并确定研究的目的和研究问题。

（2）搜索策略的设计与文献检索：在确定研究问题和目标后，研究者需要设计系统性的搜索策略，以确保尽可能地收集到所有相关的文献。这包括选择合适的数据库、关键词的选择和组合、筛选文献的标准等。

（3）文献筛选与数据提取：首先研究者根据预先设定的包含与排除标准，对检索到的文献进行筛选，从中挑选出符合研究目的的文献。其次，研究者对所选文献进行数据提取，收集关于研究对象、方法、结果等方面的信息。

（4）质量评估与证据综合：这包括评估研究设计的质量、方法的可信度以及结果的可靠性。然后，研究者将所有的证据进行综合和分析，以回答研究问题并形成结论。

（5）结果呈现与报告：这通常包括撰写综述报告，并可能涉及创建流程图、表格或其他可视化工具，以清晰地展示研究结果和结论。

系统文献综述的主要优势在于其严谨性和全面性。通过系统性的检索和筛选，系统文献综述能够尽可能地收集和整合所有相关的研究证据，从而提供更为全面和可靠的研究结论。这使得系统文献综述成为政策制定、临床实践和学术研究等领域的重要参考和决策支持工具。

10.1 题目是否明确表示了是系统文献综述还是元分析？

评价一篇系统文献综述或元分析论文的质量，其中题目的明确性是一个关键因素。几乎所有的系统文献综述文章都会在题目中明确使用综述、文献综述、系统文献综述等字眼。因为一个明确的题目和论文类型可以帮助读者快速了解论文的研究方法和目的，从而决定是否进一步阅读。尤其对于需要撰写毕业论文的学生来说，领域内的文献综述往往可以作为文献阅读的最佳起点，因为文献综述不仅可以帮助学生了解当前领域的研究现状和发展趋势，还可以为他们提供深入探讨研究问题的依据。通过对先前研究的综合分析和总结，学生可以建立起对研究主题的全面认识，明确研究的目的和意义，为自己的研究工作奠定坚实的基础。此外，文献综述还可以帮助学生识别领域内的研究空白和问题，为他们选择合适的研究方向和方法提供指导。同时，对于学术期刊来说，明确的标题也有助于编辑和审稿人更准确地判断论文的适用性和质量，以便做出送审或者拒稿的决定。

10.2 摘要中是否指明文献综述包含的文献数量和年份跨度？

系统文献综述论文的摘要中指出评估了的文献数量和涵盖年份很重要，这主要是因为这些信息可以为读者提供关键的背景和概述，有助于读者快速了解文献综述的广度和深度。具体来说，指出评估了的文献数量可以反映该综述的综合性和全面性。如果文献数量较多，说明作者对该主题进行了广泛的文献调研，涵盖了多个方面和观点，使得综述具有较高的可信度和说服力。相反，如果文献数量较少，读者可能会怀疑该综述的全面性和代表性。涵盖年份的信息则可以反映该综述的时效性和研究动态。指出所评估的文献涵盖的年份范围可以让读者了解该综述对研究领域的最新进展和历史演变的把握程度。如果综述的涵盖年份较早，读者可能会认为其中的结论和观点已经过时，需要进一步的更新和补充。相反，如果综述的涵盖年份较新，读者则可以更加信任其中的结论和观点，因为这说明作者考虑到了最新的研究成果和趋势。

举例来说，有一篇系统文献综述的摘要中包含了以下信息："本文综述了 2010 年至 2020 年间关于技术在教育中应用的文献，共纳入了 50 篇研究。"在这个例子中，摘要清楚地指明了文献综述包含的文献数量（50 篇）和年份跨度（2010 年至 2020 年），使读者能够迅速了解研究的范围和时间框架。

10.3 摘要中是否指出了该主题系统文献综述的必要性？

在系统文献综述的摘要中指出该主题的必要性是评价综述质量的一个重要标准。这意味着摘要应该清晰地阐明研究的背景和动机，说明为什么进行该主题的系统文献综述是必要的。这样的信息能够帮助读者理解研究的意义和价值，以及该主题对于学术界或实践领域的重要性。案例见表 10.1。

表 10.1　系统文献综述的必要性叙述案例

案例	本系统文献综述聚焦于社交媒体使用对青少年社会关系的影响。随着数字技术的迅速普及，青少年一代越来越多地通过社交媒体平台建立和维护人际关系；然而，关于社交媒体对青少年社会关系发展的具体影响，学术界仍缺乏共识。本综述旨在填补这一空白，通过综合分析 2010 —2020 年的实证研究，评估社交媒体使用对青少年社会关系联结、社交技能发展以及社会支持感知的影响
点评	在本综述的摘要中，突出了研究主题的必要性。首先，时代背景指出了数字技术的普及和青少年广泛使用社交媒体的当代背景，为研究提供了现实世界的相关性。其次，明确提出了学术界对于社交媒体影响的共识缺失，表明了进行系统综述的必要性，揭示了学术缺口。通过界定研究的时间范围（2010—2020 年），为读者提供了研究的清晰界限和深度，明确了研究范围。综述的目标清晰地阐述了评估社交媒体使用对青少年社会关系各个方面的影响，为读者提供了研究目标。最后，说明了该综述对于理解社交媒体在青少年发展中的作用具有重要的学术和实践意义，可能对教育政策制定者、心理健康专业人士以及青少年的父母提供指导，突出了学术和实践意义。这些要素共同展示了研究主题的紧迫性和重要性，为综述的内容和意义提供了全面的背景和框架。 　　存在的问题是，所分析文献的具体数量多少篇没有说明，主要发现是什么也没有列出

10.4 是否包含了引言、文献回顾、方法、结果与讨论，以及结论等五个核心组成部分？

这五个部分在系统文献综述中起着不同的作用，组成了一篇完整的研究报告，有助于读者全面理解研究的背景、目的、方法、结果和结论。一些知名学者有时也会使用一些变体，例如将引言和文献回顾合并为一个较长的模块，或者在文献回顾和方法之间加一个理论框架的模块，又或者将理论框架作为方法的一个二级标题出现。虽然系统文献综述论文的呈现方式偶尔有所不同，但从根本上说无论是逻辑演进还是研究程序上都基本保持高度一致。初学者在尝试写作系统文献综述论文时，可以遵循以下结构。

引言：引言部分介绍了研究的背景和动机，概述了研究的目的和重要性，提出了研究的问题或假设。引言的主要目的是为读者提供研究的背景信息，引起读者的兴趣，明确研究的目的和意义。

文献回顾：文献回顾部分概述了已有研究的进展，总结了相关文献的主要发现和观点，指出了已有研究的不足之处或存在的空白。文献回顾的主要目的是为读者提供研究领域的现状和研究问题的背景，为研究提供理论依据和研究方向。和一般实证论文相比，系统文献综述中很必要的一个环节是比较已有的相关主题的系统文献综述和本文献综述的异同点，以便突出本文的价值和意义，提高发表概率。

方法：方法部分描述了目标文献的识别和检索，筛选过程与标准，所基于的理论框架以及编码方式等细节。方法的主要目的是确保研究的可重复性和可信度，使读者能够理解研究是如何进行的，并能够评估研究的方法是否科学和有效。

结果与讨论：结果与讨论部分呈现了研究的主要结果和发现，并对结果进行了分析和解释。在结果部分，研究者呈现了数据和实验结果，描述了研究发现的主要特点。在讨论部分，研究者对结果进行了深入分析，探讨了研究的意义、局限性和未来研究方向等。

结论：结论部分总结了研究的主要发现和结论，回答了研究的问题或验证了研究的假设。结论的主要目的是为读者提供研究的核心信息，强调研究的重要性和影响。

10.5 方法部分是否包含检索策略、筛选标准、编码方式和理论框架？

方法部分在系统文献综述中扮演着关键角色，描述了研究的设计、实施和分析方法。在这一部分，包括检索策略、筛选标准、理论框架和编码方式等信息，可以帮助读者理解研究是如何进行的，以及研究的可信度和有效性。

检索策略（Search Strategy）：检索策略描述了研究者如何进行文献检索以收集相关研究文献的过程。这通常包括使用的数据库、检索词和检索条件等。检索策略的详细描述能够帮助读者了解研究的全面性和系统性，以及如何避免文献检索的偏差。

筛选标准（Filtering Criteria）：筛选标准是研究纳入综述的规则和条件。这些标准帮助确保只有与综述主题最相关的研究被包括进来。例如，研究可能限定于特定的研究类型（如实证研究）、研究对象（如特定年龄段的青少年）或发表时间（如过去十年内）。

理论框架：理论框架是研究的理论基础和理论导向，指导了研究的设计和分析。在方法部分，研究者应该描述所采用的理论框架，并说明该理论框架对研究的设计和分析产生了什么样的影响。理论框架的描述有助于读者理解研究的理论基础和研究问题的理论意义。

编码方式（Coding Scheme）：编码方式指的是研究者对收集到的文献进行分类、筛选和整理的方法和标准。这包括制定的包含和排除标准、数据抽取表格的设计等。编码方式的描述可以帮助读者了解文献筛选和数据抽取的流程，以及确保研究的可重复性和一致性。案例见表10.2。

表 10.2　检索策略撰写案例

案例	本综述的检索策略包括对三个主要学术数据库的全面搜索，使用了一系列与"社交媒体"、"青少年"和"社会关系"相关的关键词。我们的筛选标准限定于2015 年以后发表的、以英语撰写的、针对 13~18 岁青少年人群的定量和定性研究。编码方式由两位独立的研究者执行，他们从每篇文献中提取了研究背景、方法、主要结果和结论等信息。此外，我们采用了社会认同理论作为理论框架，以帮助解释社交媒体如何影响青少年的社会认同和群体关系
点评	虽然作者指出使用了三个主要学术数据库，却没有给出具体的名称、搜索的日期，以及搜索到的数量变化。例如，初次使用关键词搜索到了多少，后来根据什么样的筛选标准还剩下多少，也就是说没有遵循 PRISMA 程序（参考 10.9）。此外，筛选标准也只是简要提及，没有全面呈现，或者使用数量支撑

10.6 是否识别并评价了类似主题的已有系统文献综述？

这一标准要求作者在撰写论文时，应该对已发表的相近主题的系统文献综述进行全面的检索和回顾，并在论文中对这些文献进行对比和评价。这样做的目的是确保作者在研究主题上的工作是基于前人已有的研究成果避免重复劳动，同时也可以突出自己的原创贡献和价值。相反，如果一篇论文没有对已有的系统文献综述进行足够的识别和评价，审稿人可能会认为这篇论文缺乏对研究现状的全面了解，存在重复劳动的风险，或者论文的贡献不够明显，很有可能直接做出拒稿的决定。

举例来说，在一篇题为《人工智能技术在高等教育中的应用：一项元分析》的论文中，作者首先进行了系统性的文献检索，发现了多篇关于技术在教育中应用的系统文献综述。其次对这些系统文献综述进行了评价和比较，分析了它们的研究对象、涵盖年份、包含的数据库、囊括的论文类型（或是 SSCI 期刊，还是期刊论文 + 会议论文等）、编码方法、结论等方面的差异和一致性。最后将自己的研究结果与这些已有综述进行了对比，指出了自己研究的创新点和不同之处。

10.7 是否清晰阐述了多个研究问题？

这一标准意味着研究人员在开始他们的文献综述之前，首先要明确界定他们的研究问题或假设。这对于指导研究的方向以及筛选相关文献至关重要。如果研究问题模糊不清，可能导致选择不相关的文献或者在综述过程中迷失方向。因此，明确的研究问题或假设能够帮助研究人员集中精力，确保他们的文献综述是有针对性，而不是一团乱麻的。案例见表10.3。

表 10.3　英文系统文献综述论文的研究问题案例

案例	Applying game-based learning in primary education: A systematic review of journal publications from 2010 to 2020 （1）From 2010 and 2020, what was the distribution of publications pertaining to GBL by year and byjournal （2）From 2010 and 2020, what theories were used to support GBL studies （3）From 2010 and 2020, what were the research methods, student grade levels, subject domains, sample size, research length and data analysis in GBL studies （4）What types of game genres and gaming elements were used （5）What types of technologies were employed （6）What were the learning outcomes

点评	这些问题具体地指明了研究的范围，如时间段和研究领域，同时具有可操作性，能够通过实际的文献回顾和分析来回答。它们与教育实践紧密相关，关注教育工作者和研究者所关心的核心议题。此外，问题的表述清晰，避免了不必要的复杂性，使得研究的方向和目标非常明确。研究问题的全面性保证了对 GBL 在小学教育中应用的多维度评估，而它们的目标导向性确保了研究能够集中于获取有意义的结论和建议。这些因素共同作用，使研究问题写得好，为进行系统文献综述奠定了坚实的基础。

10.8 研究问题的呈现是否有明确的逻辑关系？

　　在系统文献综述中，研究问题之间的逻辑关系指的是各个研究问题的相互关联性和连贯性。这意味着每个研究问题都应该在一定程度上与其他问题相关联，并共同服务于研究的总体目标。研究问题之间的逻辑关系可以通过几种方式体现，包括递进关系、比较关系、因果关系等。这种逻辑关系的存在有助于构建一个有机、完整的研究框架，使研究问题之间的内在逻辑得以体现和强化。

　　案例见表 10.4。

表 10.4　有逻辑的研究问题案例

案例	《移动学习对高中生学业成绩的影响：一项系统文献综述》 （1）如何定义移动学习在教育技术领域的概念和范畴？ （2）移动学习对高中生学业成绩的影响有哪些方面？具体表现在哪些方面？ （3）移动学习对高中生学业成绩的影响因素有哪些？这些因素如何相互作用？ （4）移动学习在不同学科领域对学业成绩的影响是否存在差异？如果存在，差异的原因是什么？

续表

点评	在这个例子中，第一个问题是对移动学习概念的界定，为后续问题提供了理论框架和概念支持；第二个问题是核心问题，直接探讨了移动学习对学业成绩的影响；第三个问题是对影响因素的深入探讨，有助于理解影响机制和路径；第四个问题则是对影响因素的进一步拓展和细化，探讨了影响因素的差异性和多样性。这些研究问题之间存在着逻辑关系，每个问题都为后续问题的提出和回答提供了支持和框架，使整个综述的结构清晰、连贯

10.9 是否详细描述了系统检索策略？

这一标准要求研究人员清晰地描述他们如何系统地搜索相关的文献。系统搜索意味着使用预先定义的搜索策略和搜索词，以确保尽可能地包含所有相关的研究。详细解释搜索方法有助于其他研究人员理解研究的可重复性，并评估其搜索的全面性和透明度。例如，在教育技术文献综述中，详细解释系统搜索方法可能包括使用哪些学术数据库（如 PubMed、Web of Science、Scopus 等）、使用哪些关键词（如"教育技术""小学生""数学成绩"），以及是否限制了文献的时间范围。

PRISMA 代表"系统文献综述和 Meta 分析报告的指导方针（Preferred Reporting Items for Systematic reviews and Meta-Analyses）"（图 10.1）。它是一个用于指导和规范系统文献综述和元分析报告撰写的国际性指南[1]。

---

[1] 官方网站：https://www.prisma-statement.org.

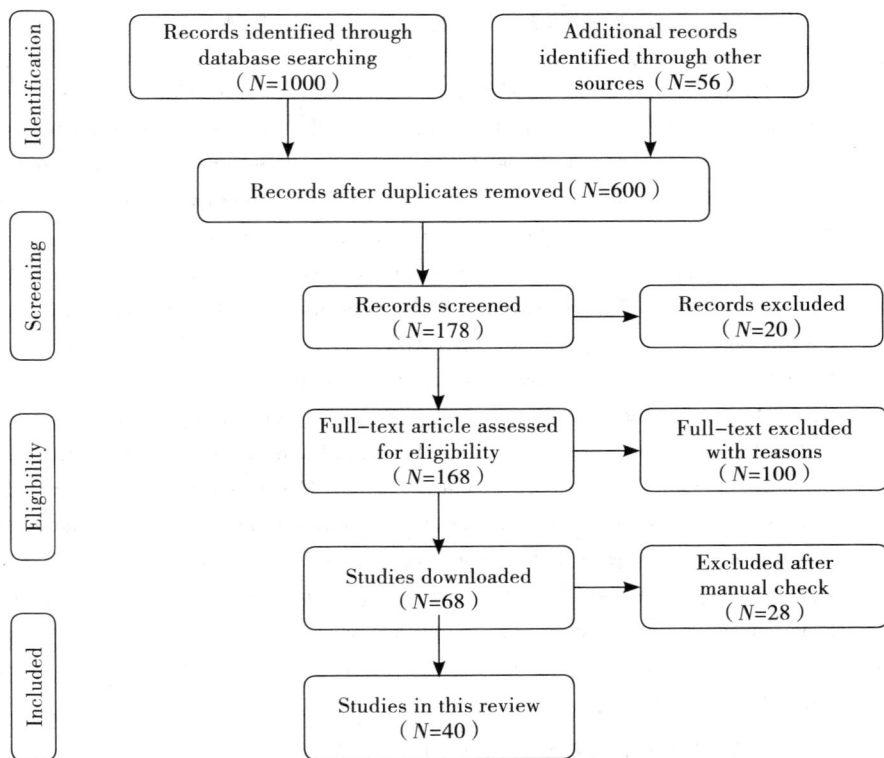

图 10.1 PRISMA 框架

　　PRISMA 指南旨在帮助研究者报告系统文献综述和元分析的过程和结果，以提高研究的透明度和可重复性。该指南包含一个由 27 个项目组成的核心报告要素清单，涵盖了从研究计划到结果呈现的各个方面，包括文献筛选、数据提取、质量评估、结果合并和报告等。

　　系统文献综述和元分析需要呈现 PRISMA 表格，是因为这些表格提供了一种结构化的方式来呈现研究过程和结果，有助于读者更好地理解和评价研究的质量和可信度。具体而言，研究者应该报告初次根据检索词搜到的具体数量，然后汇报通过 5～7 轮筛选，每一轮得到的文献数量，以及最终的数量。案例见表 10.5。

表 10.5　英文系统文献综述检索过程案例

案例	In June 2021, we conducted a comprehensive literature search in frequently used major educational databases, including the Science Citation Index, the Social Science Citation Index, Education Research Complete, Web of Science and Science Direct, all of which have been recommended in previous high-quality systematic reviews (i.e. Hwang and Tsai, 2011; Hsu et al., 2012). The publication period was set as 2010–2020, so as to obtain current and sufficient data to grasp research trends. Specifically, the following search combination was used: "SU (game-based learning or digital games or gamification) AND AB (primary school or elementary school or pupils or primary students) AND (empirical studies or experimental study or findings) NOT AB (systematic review or meta-analysis) NOT AB (university or college students or middle school or high school) AND AB (experimental group or control group or treatment group)." The initial search has generated 153 results, which after screening and filtering (e.g. removing duplicate records or non-English papers or those not from peer-reviewed journals) was narrowed down to 33. The same search strategy was performed again in November 2021 again to ensure all eligible studies were included, and indeed two more studies were identified through this round (see Figure 1 for the entire filtering process). Based on their downloading order, studies were labeled ID1–ID35, respectively
点评	这段文献综述检索段落做得很好的原因如下。 （1）全面性和透明度：作者在文中清晰地描述了他们在哪些主要教育数据库进行了全面的文献搜索，并提到了这些数据库在之前高质量系统性综述中的推荐。这展示了作者的全面性和透明度，使读者能够了解他们的检索策略和来源。 （2）时间范围和趋势把握：作者设定了 2010 年至 2020 年的出版时间范围，以获取当前和足够的数据来把握研究趋势。这表明作者考虑到了研究的时效性，并希望获取最新的研究成果。 （3）搜索策略的明确性：作者提供了他们使用的具体搜索组合，包括关键词和逻辑运算符，以及筛选条件。这种明确的搜索策略有助于读者了解作者如何筛选和获取相关研究。 （4）筛选和过滤过程：作者描述了初步检索结果的数量，以及经过筛选和过滤后最终纳入研究的数量。这展示了作者的筛选过程和严谨性，使读者能够了解研究的可信度和全面性。 （5）再次检索以确保完整性：作者在 11 月再次执行了相同的检索策略，以确保所有符合条件的研究都纳入其中。这表明作者重视研究的完整性和准确性，展示了其严谨的研究态度

通过按照 PRISMA 指南的要求呈现表格，研究者可以清晰地描述研究的方法和过程，包括文献筛选的流程、研究的特征、质量评估的方法等。这有助于读者更全面地理解研究的设计和实施，从而更准确地评价研究的可信度和适用性。此外，按照 PRISMA 指南的要求呈现表格也有助于提高研究的透明度和可重复性。研究过程和结果的清晰呈现可以帮助其他研究者更容易理解和重复研究，从而验证研究的结果和推论。

10.10 能否清晰识别包含或排除研究的标准？

研究人员需要明确说明他们的包含标准（Inclusion Criteria）或排除标准（Exclusion Criteria）。这些标准应该是清晰的、可操作的，并且应该与研究问题或假设保持一致。这些标准帮助研究者确保文献综述的焦点和质量，同时遵循透明和可复制的原则。

在进行系统文献综述时，研究者通常会根据研究目的和研究问题设定排除标准，以筛选出符合研究需求的文献。以教育学领域为例，一些常见的排除标准可能包括以下几方面。

非学术性文献：排除非学术性质的文献，如新闻报道、普通网志、个人博客等，以确保综述的学术性和可信度。

语言限制：如果研究语言是英语，可能会排除非英语文献，或者需要英语摘要的非英语文献，以减少语言障碍对文献筛选和理解的影响。

文献类型限制：排除不符合研究需求的文献类型，如书评、会议摘要、新闻报道等，以确保选取的文献是研究性质的学术文献。

研究对象不符合：排除与研究对象不相关的文献，如教育学研究中关注小学生学习行为的综述可能排除关于高等教育或成人教育的文献。

研究方法不符合：排除采用的研究方法与研究需求不符的文献，如排除定性研究或研究设计与综述目的不一致的文献。例如：排除一篇描述教师使用体验的质性研究，因为研究需求是评估教育技术对学生学习成效的影响，而不是教师体验。

样本量和样本来源不足：排除样本量过小或样本来源不够多样化的文献，以确保研究结果的可靠性和代表性。例如，排除一项样本量仅为 10 名学生的小规模试验研究，因为样本量太小，结果可能不具有普遍适用性。

研究时间范围：排除研究时间范围之外的文献，以保持研究的时效性和相关性。例如：假设研究者在教育技术领域进行系统文献综述，但他们仅对近五年内发表的研究感兴趣，因此，他们可能会排除所有发表在五年前的文献，以确保他们的综述包含最新的研究成果。

重复文献：排除重复发表或具有重复数据的文献，以避免对研究结果的重复计数或重复影响。研究者可能会在文献筛选过程中发现同一项研究在多个数据库或期刊中发表了多篇相似的论文，在这种情况下，应该仅保留一篇论文，并排除其他重复的文献。

不完整的文献：排除没有提供足够详细信息或不完整的文献，如没有完整摘要或数据不完整的文献。研究者在文献搜索过程中可能会遇到一些只提供摘要或者仅有部分信息的文献。在这种情况下，他们可能会将这些文献排除在外，因为无法获取到足够的数据来评估其质量和适用性。

表 10.6 是一个包含标准和排除标准的示例。

表 10.6　包含标准和排除标准对比度

项目	包含标准	排除标准
文献类型	期刊文章、学位论文、书籍、会议论文等	新闻报道、杂志文章、个人博客等
主题	关于技术在教育中应用的研究	与教育无关的技术应用研究
研究设计	实验研究、观察研究、调查研究等	研究设计：评论、编辑、综述等
样本	针对学生、教师或其他教育从业者的研究	非教育从业者的研究
语言	英语或中文	其他语言
年限	2010 年至今	2010 年以前

表 10.6 中的包含标准列出了文献应满足的条件，以被纳入系统文献综述或元分析中。例如，只有期刊文章、学位论文、书籍、会议论文等特定类型的文献符合要求。而排除标准列出了哪些文献不符合研究的目的和范围，应该被排除在外。例如，新闻报道、杂志文章、个人博客等类型的文献不适合被纳入研究。这样的表格有助于研究者系统地筛选和评估文献，确保只有符合研究目的和范围的文献被纳入最终的分析中，提高研究的质量和可信度。

10.11 最终样本是否包含足够多的研究进行分析？

这一标准关注的是文献综述的样本规模是否足够大，以确保结果的可靠性和代表性。如果研究数量太少，可能会导致结果的不稳定性和偏差，从而影响研究的可信度和泛化能力。例如，在一项针对教育技术的系统文综中，研究人员可能需要确定他们的文献综述是否包含了足够多的关于不同教育技术的研究，以及这些研究是否涵盖了各种教育水平、年龄组和文化背景的学生。如果研究数量有限，可能需要重新考虑搜索策略或扩大研究范围，以确保最终样本足够大。

以教育学领域为例，通常来说，系统文献综述的样本量可以至少 20

篇，至多250篇。然而，具体的样本量大小还是应该根据研究的具体情况和研究问题来确定。以下是一些一般性的参考建议。

（1）广度和深度：如果研究领域的广度较大，涉及多个子领域或专题，那么可能需要收集更多的文献来全面地总结研究现状；如果研究的深度较高，只涉及一个特定的子领域或专题，那么样本量可以相对较小。

（2）文献质量：除了样本量的数量，还需要考虑文献的质量。优先选择那些方法学严谨、结果可信的高质量文献，而不是简单地追求数量。

（3）研究目的和问题：样本量的大小也应该根据研究的目的和问题来确定。如果研究的目的是描述和概括研究现状，那么可能需要较大的样本量；如果研究的目的是验证某个假设或推断特定效应的大小，那么样本量可以相对较小。

10.12 数据提取和编码程序是否描述清晰？

在系统文综中，清晰描述数据提取和编码程序至关重要。这确保了研究的透明度和可重复性，使其他研究人员能够理解和验证研究的方法和结果。数据提取程序应包括从每个研究中提取哪些变量和数据，以及如何处理缺失数据或不完整数据的方法。研究人员应明确说明他们从每个研究中提取的数据项，例如样本大小、效应量和标准误差。他们还应描述如何处理不同研究中可能存在的数据格式差异，以确保数据的一致性和可比性。这种描述应该清晰简洁，使其他研究人员能够按照相同的方法复制研究。案例见表10.7。

表 10.7　数据提取与编码过程案例

案例	对于数据提取，我们采用了两位独立的研究人员进行文献筛选和数据抽取。首先，两位研究人员独立筛选了所有符合包含标准的文献，并对其中符合条件的文献进行了全文阅读。其次，他们使用了预先设计好的数据抽取表格，从每篇文献中提取相关数据，包括作者、出版年份、研究设计、样本特征、主要结果等。所有提取的数据都经过了验证和整理，确保数据的准确性和完整性。最后，我们采用了主题编码的方法对数据进行了归类和汇总，以便进行后续的数据分析和结果呈现
点评	（1）独立性和透明度：段落中提到了两位独立的研究人员进行文献筛选和数据抽取，这符合优质系统文献综述的要求，确保了数据提取的独立性和透明度。 　　（2）标准化工作流程：描述了使用预先设计好的数据抽取表格进行数据提取，这有助于确保数据提取的一致性和标准化，避免主观偏见。 　　（3）数据验证和整理：提到了对提取的数据进行验证和整理，以确保数据的准确性和完整性。这一步骤是非常重要的，可以提高数据的可信度和质量。 　　（4）主题编码的方法：最后提到了采用主题编码的方法对数据进行归类和汇总，这有助于后续的数据分析和结果呈现。这种系统性的数据整理方法有助于提炼和概括研究结果。 　　总的来说，这段描述数据提取过程的段落写得较好，符合优质系统文献综述的标准。然而，为了进一步提高质量，可以考虑在描述中更详细地说明数据提取过程中的具体步骤和标准，以及如何处理各种情况下的不一致性或争议。在编码方面，还应详细说明如何进行主题编码，包括主题的定义、编码标准、编码过程中的讨论和一致性检查等。例如，是否采用了具体的编码手册或分类系统、如何处理主题之间的重叠或交叉等

10.13 数据的编码方式是否有明确的依据和文献支撑？

在系统文献综述中，数据编码是将提取的信息转换为可分析的数据结构的过程，通常涉及对文献中的主题、变量或特征进行分类、归类或标记。数据的编码方式应该具有明确的依据和文献支撑，以确保编码的科学性和有效性。

举例来说，有一篇关于学生学习态度问卷的系统文献综述，研究者提取了多篇文献中关于学生学习态度的数据，并对这些数据进行了编码。在描述数据编码方式时，研究者应该提供明确的依据和文献支撑，例如：

（1）先前研究的理论框架。数据编码方式可能基于先前的研究或已有的理论框架。比如，学生学习态度的数据编码方式可能基于教育心理学或学习理论的相关理论，如认知学习理论或社会认知理论等。

（2）相关研究的实践经验。数据编码方式可能基于相关研究的实践经验和方法。研究者可以参考先前类似研究中所使用的数据编码方式，并根据实践经验进行适当的调整和修改。

（3）文献支撑。数据编码方式应该有相应的文献支撑来说明其科学性和有效性。研究者可以引用先前的文献或元分析结果，说明所选择的编码方式在相关研究中已被证明是合适和有效的。

案例见表 10.8。

表 10.8　编码依据描述案例

案例	学生学习态度的数据编码方式基于先前的研究和理论框架，我们参考了教育心理学中关于学生学习态度的理论模型，并根据已有的研究经验进行了适当的调整和修改。我们在文献中对学生学习态度进行了分类，如学习动机、学习策略、学习兴趣等，并采用了已有研究中常用的编码方式进行数据归类和整理。这些数据编码方式在先前的研究中已被证明是有效和可靠的，能够为我们的综述提供科学的分析支撑
点评	该段描述了系统文献综述中学生学习态度数据编码方式的合理性和科学性，说明了作者在数据处理过程中的系统性和严谨性。通过参考已有的理论模型和研究经验，并采用有效可靠的编码方式，作者能够对学生学习态度进行深入和全面的分析，为综述的结论和结果奠定可靠的基础。美中不足的是，如果能够提供具体的编码举例或者矩阵，以表格或截图方式呈现就更好了

10.14 是否提供了精美而准确的图示来补充对研究结果的文字解释？

图示可以通过可视化的方式展示研究的主要结果和发现，使读者更直观地理解研究的结论，增强研究结果的表达和传达效果。图示的设计应该精美而准确，能够清晰地传达研究的主要信息，同时符合学术规范和要求。如果有任何图示是引用自其他文献，则应该注明所使用的数据来源和处理方法，确保图示的准确性和可信度。

举例来说，一篇关于学生学习态度问卷的系统文献综述可能提供了以下图示来补充对研究结果的文字解释。

（1）折线图（Line Chart）：展示了学生学习态度随时间变化的趋势。折线图可以清晰地显示学生学习态度的变化情况，如学期间的波动、学年间的趋势等。

（2）柱状图（Bar Chart）：比较了不同年级学生的学习态度得分。通过柱状图，读者可以直观地比较不同年级学生的学习态度水平，了解不同年级学生之间的差异和趋势。

（3）饼图（Pie Chart）：展示了学生对于不同学科的学习态度分布情况。饼图可以清晰地显示学生在不同学科中的学习态度偏好和分布情况，为研究结果提供直观的印象。

通过提供精美而准确的图示，读者可以更容易理解研究的结果和发现，同时增强研究结果的表达和传达效果。图示不仅能够丰富文献综述的内容，还能够提高读者的阅读体验和理解效果，从而提升文献综述的质量和价值。

近年来，随着数据可视化技术的不断发展和学术界对于图示表达方式的不断探索，出现了一些新颖的图示类型被高端学术期刊经常使用。这些新颖的图示类型往往能够更好地展示研究结果，提高读者对于研究内容的理解和认知。例如，以《游戏化学习在高等教育中的应用研究综述》的研究结果为例，可能设计以下图示。

（1）雷达图（Radar Chart）：雷达图可以用来展示不同游戏化学习要素（如游戏设计、学习目标、学生参与度等）的综合评价。通过雷达图可以直观地比较各要素在综合评价上的表现。

（2）散点图矩阵（Scatterplot Matrix）：散点图矩阵可以展示多个变量之间的关系，适合用来探索游戏化学习要素之间的相关性和影响程度。可以通过散点图矩阵发现变量之间的模式和趋势。

（3）平行坐标图（Parallel Coordinates Plot）：平行坐标图可以展示多个变量在不同维度上的走势和关系，适合用来分析游戏化学习要素之间的复杂关联。可以通过平行坐标图发现变量之间的交互作用和影响路径。

（4）热力图（Heatmap）：热力图可以展示数据的密度和分布情况，适合用来呈现游戏化学习在不同学科领域中的应用情况和效果。可以通过热力图发现不同学科中游戏化学习的应用重点和差异。

（5）河流图（Streamgraph）：河流图可以展示数据随时间或其他维度的变化趋势，适合用来展示游戏化学习在高等教育中的应用情况随时间的变化关系。通过河流图可以直观地展示不同学科或学校中游戏化学习的发展和趋势。

（6）词云图（Word Cloud）：词云图可以将关键词按照出现频率或重要性呈现在图中，适合用来展示游戏化学习研究中的关键词和主题。通过词云图可以快速了解研究文献中的研究重点和热点。

（7）树状图（Tree Map）：树状图可以展示数据的分类和层次关系，适合用来展示游戏化学习中不同要素的重要性和关联。通过树状图可以清晰地展示游戏化学习要素之间的组织结构和层次关系。

这些图示方法可以提供多样化的视觉表达方式，帮助读者更全面地理解《游戏化学习在高等教育中的应用研究综述》中的研究结果和数据分析。根据研究内容和目的，选择适合的图示方法可以有效地传达信息和提升可视化效果，促进对研究内容的深入理解和应用。

10.15 研究结果是否以非专业人士可以理解的方式进行解释？

系统文献综述的研究结果的解释应该尽可能清晰易懂，即使对于非专业人士也能够理解。这有助于研究的结果被广泛的受众理解和应用，提高研究的影响力和可应用性。如果文献综述中包含了效应量等元分析的要素，研究人员应该以简明扼要的方式假设在《游戏化学习在高等教育中的应用研究综述》中，并且进行元分析，得出了以下效应量结果：

（1）游戏化学习对学生学习成绩的影响效应量为 0.30（中等效应）。

（2）游戏化学习对学生参与度的影响效应量为 0.10（小效应）。

（3）游戏化学习对学生学习动机的影响效应量为 0.70（大效应）。

那么以下则是更为通俗的解释方式。通过这样的方式诠释结果，读者就能够轻松地理解研究的主要发现和结论。

（1）游戏化学习对学生学习成绩的影响效应量为 0.30，这意味着使用游戏化学习方法可以对学生成绩产生中等程度的积极影响。

（2）游戏化学习对学生参与度的影响效应量为 0.10，表明游戏化学习可以略微提高学生的参与度。

（3）游戏化学习对学生学习动机的影响效应量为 0.70，显示出游戏化学习对学生学习动机有很大的正向影响。

10.16 研究结果的呈现顺序是否与研究问题一致？

研究结果的呈现应该按照研究问题的逻辑顺序进行组织，以确保读者能够清晰地理解研究的主要发现，并能够直接回答研究问题。

如果研究问题有多个部分或子问题，那么研究结果的呈现顺序应该与这些部分或子问题的逻辑顺序一致。这样做有助于使读者更容易地跟随论文的逻辑结构，理解研究的整体框架和主要发现。例如，表 10.3 的论文案例中提出了 6 个研究问题，那么在呈现研究结果时，也需要按照这 6 个问题的顺序一一汇报。

10.17 作者是否在讨论部分将本研究的结果与已有文献进行对比？

在讨论部分，作者应该首先总结自己本项研究的主要发现和结论，其次将这些发现与已有文献中的相关研究进行对比。这种对比可以涉及研究结果的一致性、差异性、新颖性或者发现的重要性。通过与已有文献进行对比，作者可以展示自己研究的独特性和价值，并为读者提供对研究结果更深层次理解的框架。此外，与已有文献进行对比和差异解释还有助于打造作者富有洞察力、逻辑缜密的积极印象，获得审稿人和读者的好感。

案例见表 10.9。

表 10.9　讨论本研究与已有文献关系案例

案例	《在线学习平台对学生学习成效的影响》 　　本研究发现，使用在线学习平台对学生学习成效有着显著的积极影响（如提高学习成绩、增强学习动机等）。这与 Smith 等人（2020）的研究结果一致，他们发现，与传统课堂教学相比，在线学习平台在提高学生学习成效方面具有明显优势。然而，与 Jones 等人（2018）的研究结果相反，我们的研究发现，在线学习平台对于低年级学生的学习成效影响并不显著。这一差异可能与受试者特征、教学设计等因素有关，需要进一步研究。此外，我们的研究还发现，在线学习平台的使用频率与学生学习成效之间存在显著的正相关关系，这与 Brown 等人（2019）的研究结果一致

续表

点评	在研究发现陈述方面，首先，作者清晰地概述了在线学习平台对学生学习成效的积极影响，这种明确的陈述是一个良好的实践，因为它直接传达了研究的主要发现。其次，通过文献对话，作者引用了 Smith 等人（2020）和 Jones 等人（2018）的研究，将当前研究置于现有文献的对话中，展示了研究之间的一致性和差异。作者还展现了批判性思维，指出了与先前研究结果的不一致，并提出了可能的解释，如受试者特征、教学设计等，表明了对研究复杂性的理解。再次，作者提出了需要进一步研究的领域，这是系统文献综述中的一个积极特点，因为它指导未来的研究方向。最后，作者提到使用频率与学习成效之间的正相关关系，并引用了 Brown 等人（2019）的研究，这有助于建立证据基础并增强论点的可信度。这样的综合呈现方式有助于读者全面理解研究的主要发现、文献背景、批判性思维和进一步研究建议，提升研究结果的可理解性和可信度

10.18 讨论部分是否体现出作者对结果的批判性分析和趋势洞察？

　　在讨论部分，作者应该对研究结果进行批判性分析，即对研究结果进行深入的反思和探讨，揭示其背后的原因、机制和可能的影响因素。作者可以通过比较不同研究结果之间的差异，探讨可能的解释，从而深入理解研究结果的意义和局限性。此外，作者还应该展望未来的研究方向和发展趋势，提出可能的改进措施和建议，以促进领域的进一步发展和完善。

　　继续以上面的例子，在描述不一致的研究结果时，研究者不应该点到为止，而是要具体举例，给出推测可能的成因，并用其他文献支持。例如，针对这句话"然而，与 Jones 等人（2018）的研究结果相反，我们的研究发现，在线学习平台对于低年级学生的学习成效影响并不显著。这一差异可能与受试者特征、教学设计等因素有关，需要进一步研究"，作者可以适当补充如下细节。

"我们的研究结果显示，对于低年级学生而言，在线学习平台在提升学习成效方面的作用并不如预期显著，这与 Jones 等人（2018）的研究形成对比，后者指出在线学习平台对所有年级的学生均有积极影响。这种差异可能源于低年级学生对技术的熟悉度较低，以及可能需要更多的面对面互动来促进学习，这一点在 Smith 和 Anderson（2019）的研究中也有所体现，他们强调了对于年幼学生来说，教师的直接指导对于学习成效至关重要。此外，我们的研究还考察了教学设计对学习成效的影响，发现互动性和个性化的学习活动能够显著提高学生的参与度和动机。这一发现与 Wang 和 Chen（2020）的研究一致，他们指出，为低年级学生设计的在线学习平台需要包含更多的引导式学习和游戏化元素，以适应他们的学习需求和认知发展水平。因此，我们建议未来的研究应该深入探讨不同教学设计元素如何影响低年级学生使用在线学习平台的效果，并考虑开发更适合年幼学生的认知和心理发展的教学策略。"

在这个改进的段落中，作者提供了具体的研究细节，引用了具体的文献来支持关于低年级学生和教学设计的讨论，并提出了未来研究的方向。这样的写作不仅增强了论点的可信度，而且为读者提供了更丰富的信息和更深入的理解。

10.19 研究人员是否解释了他们的分析结果，以提出具体的实践意义？

在系统性回顾或元分析中，研究人员应该将他们的分析结果解释为具体的实践意义，以指导实际工作和政策制定。这有助于将研究结果转化为实际行动，最大限度地利用研究的价值。

研究人员应该从他们的分析结果中提取关键发现，并将其解释为对实践有用的建议或指导。例如，在教育技术的元分析中，研究人员可能会解释他们的结果表明某种特定的教育技术对学生学习成绩有显著的正面影响，因此教育机构在教学实践中积极采用这种教育技术以提升学生学习成效。此外，研究人员还可以就教育技术的有效实施提出具体建议，如培训教师使用该技术、设计有效的教学活动以支持技术应用等。这样的实践建议有助于将研究结果转化为实际行动，指导教育实践和政策制定，最大限度地利用研究的实际价值。

如果汇报的是元分析结果，研究人员还应该注意解释效应量的意义和实际影响，以帮助读者理解研究结果的重要性。例如，当效应量显示一个教育干预对学生成绩有中等效应时，研究人员可以解释这意味着该干预在实际教学中可能会产生显著的正面影响，值得教育者关注和采纳。

10.20 研究启示是否包含了多方利益相关者？

研究启示是指从研究结果中得出的一些重要启示或建议，可以用来指导实践、政策或未来的研究方向。在讨论部分，作者应该将研究结果与多方利益相关者的需求和利益联系起来，以确保研究的意义和影响得以最大化。以教育学为例，这意味着作者不仅需要考虑学术界的需求和利益，还需要考虑其他社会各界的利益相关者，如政策制定者、教育从业者、学生、家长等。

案例见表 10.10。

表 10.10 研究启示撰写案例

案例一	Existing studies have mainly focused on higher-grade students' cognitive learning of natural science content, taking the Gamification genre and incorporating features like Intellectual Problem-Solving or Power. Interested teachers may follow the same path, or boldly experiment with the identified gaps. For example, they may attempt to apply GBL in more subjects that may not be regularly offered at school, but nonetheless pivotal to student health and growth, such as social and emotional learning skills. Transdisciplinary courses can also be gamified to promote integrative thinking. Gamification may simply be applied as a classroom management system, which has the potential to motivate students, so that they behave more appropriately and learn more actively. Tea-chers should also be reminded that equipping with learning theories knowledge is pivotal to the effective integration of gaming elements, choice of technologies, as well as instructional procedure. There is also a need to build consistent perceptions of games between home and school. This can be done by teachers through examining students' use of games or digital devices at home, and adjust their GBL accordingly at school.
案例二	Researchers may pay more attention to the deep integration of games and subject learning, so that subject-focused journals or pure educational research journals will be also receptive of GBL studies. Longitudinal studies with more emphasis on primary students' behaviors and skill improve- ment with more diverse data collection methods (i.e. observation and video recording) are recommended. Researchers should also attempt to move beyond comparing between GBL and non-GBL using basic inferential statistical measures, but exploring the effectiveness of different types of GBL, such as using digital games or non-digital games, using one type of gamificaiton or the other. It is also recommended that regression and path analysis be used more often to identify causal relations or agency/mediation effects that are more explicit and directive. Grade differences or gender differences may be explore further, so as to provide reference for age-appropriate GBL design. Moreover, learners with special needs, or the acquisition of important life skills may also be considered as potential research subjects and topics. Software engineers and companies should strive toward creating affordable and hands-on games that allow for efficient customization. It is also suggested that multiple platforms could be united in some way to bridge the learning between school formal education and informal learning outside, so that students can benefit from seamless and congruent instruction, extending the time and space of learning and forming a critical and objective attitude toward game playing. They may as well incor- porate video capture and learner profile functions into games, so that students' behavioral changes and physical skills may be easily observed and tracked automatically for subsequent learner analysis.
点评	该研究提出了一系列具体建议和启示，涉及教师、研究人员、软件工程师和公司等多方利益相关者，旨在引导他们在 GBL 领域的实践和研究中取得更好的成果和影响。这些建议和启示为未来的实践、政策和研究方向提供了有益的指导，有助于最大化研究的意义和影响

10.21 研究人员是否列举了他们分析的局限性？

研究人员应该诚实地讨论他们研究的局限性，包括可能的偏倚、数据限制和方法限制等。这有助于读者理解研究结果的可靠性和适用性，并提供指导未来研究的建议。

在系统文献综述中，常见的局限性包括但不限于以下几个方面。

（1）数据来源限制：文献综述的局限性可能源自数据来源的限制，例如，仅使用特定数据库或特定时间范围内的文献，可能导致遗漏一些相关研究。

（2）文献质量差异：不同文献的质量和可靠性各不相同，可能存在一些研究设计不严谨、样本偏差或数据分析方法不当等问题，影响综述的可信度。

（3）文献数量和多样性：文献数量有限或文献多样性不足也是常见的局限性，可能导致对某一主题或领域的综述不够全面或深入。

（4）语言和地域限制：文献综述可能受到语言和地域限制，只包括特定语言或地区的文献，导致了解和推广的局限性。

（5）方法学限制：研究方法的局限性也是一个常见问题，例如样本大小不足、研究设计不够严谨、数据分析方法不当等，影响综述对研究结果的解释和推广。

（6）学科领域差异：不同学科领域的文献综述可能存在的局限性也不同，某些领域可能更容易受到主观因素或研究设计的影响。

（7）时间限制：文献综述需要花费大量时间进行文献搜索和筛选，时间限制也可能导致综述的局限性，无法包括最新的研究成果。

（8）综合考虑这些局限性，研究者在进行系统文献综述时需要注意尽量减少这些局限性，并在讨论部分诚实地指出并提出改进建议，以提高研究的可信度和可靠性。

10.22 是否在附录中提供了综述覆盖的所有论文的关键信息？

研究者应该在附录中列出所有纳入研究的文献，并提供这些文献的关键信息，包括作者、期刊、年份、研究对象、样本量、研究方法和研究结果等。提供综述覆盖的所有论文的关键信息在附录中的重要性在于，它能够使读者对于综述的覆盖范围和涉及的研究内容有清晰的了解。读者可以通过查看附录中的文献列表和关键信息，快速了解研究涉及的文献来源、研究对象和主要研究结果，从而更全面地理解综述的内容和结论。

如果由于篇幅限制或者其他原因，作者无法提供被分析的文献的具体信息，也可以在参考文献列表中，以 * 号或者其他方式标注，与一般参考文献区分开来。

系统文献综述的评价标准见表 10.11。

表 10.11 系统文献综述的评价标准

评价标准	是	不确定	否
1. 题目是否明确表示是系统文献综述还是元分析？			
2. 摘要中是否指明文献综述包含的文献数量和年份跨度？			
3. 摘要中是否指出了该主题系统文献综述的必要性？			
4. 是否包含了引言、文献回顾、方法、结果与讨论，以及结论等五个核心组成部分？			
5. 方法部分是否包含检索策略、筛选标准、编码方式和理论框架？			
6. 是否识别并评价了类似主题的已有系统文献综述？			
7. 是否清晰阐述了多个研究问题？			
8. 研究问题的呈现是否有明确的逻辑关系？			
9. 是否详细描述了系统检索策略？			
10. 能否清晰识别包含或排除研究的标准？			
11. 最终样本是否包含足够多的研究进行分析？			
12. 数据提取和编码程序是否清晰描述？			
13. 数据的编码方式是否有明确的依据和文献支撑？			
14. 是否提供了精美而准确的图示来补充对研究结果的文字解释？			
15. 研究结果是否以非专业人士可以理解的方式进行解释？			
16. 研究结果的呈现顺序是否与研究问题一致？			

续表

17. 作者是否在讨论部分将本研究的结果与已有文献进行对比？			
18. 讨论部分是否体现出作者对结果的批判性分析和趋势洞察？			
19. 研究人员是否解释了他们的分析结果，以提出具体的实践意义？			
20. 研究启示是否包含了多方利益相关者？			
21. 研究人员是否列举了他们分析的局限性？			
22. 是否在附录中提供了综述覆盖的所有论文的关键信息？			

11　如何评价参考文献

　　参考文献（References）虽然在正文之后，但仍然是论文这个组合体的重要部分。首先，它们展示了研究的基础，表明作者的工作是建立在先前的研究和理论之上的。这不仅展示了研究的深度和广度，还帮助读者理解当前工作在已有学术领域中的位置和贡献。许多资深的编辑与审稿人通过阅读参考文献就可以迅速判断论文的质量。如果参考文献既包含领域的权威文献，也包含前沿的研究，而且格式准确无误，那么该论文写作质量大概率也会非常高。其次，参考文献提供了对原资料和信息的认可和尊重，确保了学术诚信。通过准确引用他人的工作，作者避免了剽窃的风险，展示了对学术界规范和道德的尊重。再次，参考文献使其他研究者能够追溯和验证研究中的引述和论点，这是科学方法论的一个关键方面，有助于确保研究的透明度和可重复性。最后，它们为感兴趣的读者提供了深入探索特定主题的资源，促进了学术知识的传播和进一步的研究。因此，在论文最后罗列参考文献是保证学术质量、诚信和研究连贯性的重要环节。

11.1 是否列出了所有在研究中引用的文献？

在学术写作中，所有在正文中引用的文献都应该在参考文献列表中有相应的记录，这是学术研究的基本规范之一。这样做的目的是确保读者可以找到您所引用的文献，并验证研究结果的可信度和可靠性。

如果在正文中引用了某篇文献，但在参考文献列表中没有相应的记录，读者就无法查阅到这篇文献的具体内容和来源，这会影响读者对研究的理解和评价，因此，为了遵循学术诚信和规范，确保研究的可追溯性和透明度，所有在正文中出现的文献都必须出现在参考文献列表中。

11.2 引用信息（如作者、出版年份、文章标题、期刊名称、卷号、页码等）是否准确无误？

引用信息的准确性对于学术研究至关重要。作者、出版年份、文章标题、期刊名称、卷号、页码等信息都应该与原文一致，并符合相应的引用格式要求，如 APA（American Psychological Association）、MLA（Modern Language Association）等。如果其中任何一项信息出现错误，都可能导致读者无法准确找到或理解引用的文献，从而影响研究的可信度和可靠性。当某个文献反复出现，读者就会有记忆，那么一旦出现同一个文献，但是前后年份不一致，或者作者名字拼写不一致的情况，就会引发审稿人的质疑或导致读者的不良阅读体验。

11.3 是否遵循了所在领域（尤其目标期刊）的引用格式规范？

学术界通常会根据不同领域的惯例和规范，制定特定的引用格式规范，如 APA、MLA、Chicago 等。这些引用格式规范包括了对作者姓名、出版年份、文章标题、期刊名称、卷号、页码等信息的格式化要求，以及文中引用和参考文献列表的排版规则。通过遵循目标期刊或领域的引用格式规范，可以确保论文的引用格式符合学术界的标准，提高论文的可读性和专业性，也有助于保证论文能够通过审稿流程并最终发表。

假设我们要投稿到一本教育技术领域的期刊，该期刊要求采用 APA 格式进行引用。在这种情况下，我们需要确保论文中所有引用的格式都符合 APA 的规范要求。例如：

对于间接引用，格式应该为（作者姓氏，出版年份，页码）或者作者（出版年份）指出的内容；对于直接引用，则还要提供具体的页数，并且将引用的文字以双引号括起来。

而参考文献列表中的每篇文献应按照以下格式排列：

Smith, J. (2020). The impact of online learning platforms on student learning outcomes. *Journal of Educational Technology*, 10: 45–60.

此外，如果研究者在正文中使用了多篇文献支持一个论点，则需要将这些文献按照作者的姓氏从 A 到 Z 进行排列，而不是依据年份。

11.4 是否包含最新的研究成果？

时效性的参考文献可以反映最新的研究成果和学术观点，帮助读者了解当前领域的最新动态和发展趋势。通过引用最新的研究成果，研究者可以确保自己的论点和观点建立在最新的知识基础上，提高研究的可信度和权威性。此外，时效性的参考文献还有助于避免引用过时的观点和数据，确保研究的信息准确性和可靠性。因此，在撰写学术论文和研究报告时，研究者应该优先选择最新的参考文献，以确保自己的研究能够站在学术研究的最前沿，为读者提供有益的信息和见解。例如，一篇在 2023 年上半年投稿的论文就已经可以引用当年一二月份发表的论文了。

11.5 是否平衡了经典文献和最新研究的引用？

在学术研究中，参考文献中平衡经典文献和最新研究的引用是必要的。经典文献通常是在该领域内具有重要影响力和广泛认可的研究成果，它们为该领域的理论和概念奠定了坚实的基础。引用经典文献可以向读者展示研究的历史渊源和发展脉络，体现对该领域传统观点和理论的尊重。同时，经典文献的引用还有助于确保研究的逻辑和连贯性，将当前研究成果与历史研究成果进行对比和联系，从而提升研究的学术深度和广度。

然而，仅仅依赖经典文献可能会导致研究过于陈旧和缺乏创新性，因此，引用最新研究成果也是至关重要的。最新研究成果代表了该领域的最新进展和前沿研究方向，可以为研究提供新颖的观点和研究方法。通过引用最新研究成果，研究者可以展示自己对领域内最新动态的了解和把握，为研究提供更具前瞻性和实用性的观点。此外，最新研究成果的引用还可以增加研究的可信度和权威性，表明作者对领域内最新研究成果有充分的了解和掌握。

11.6 引用的文献是否与研究主题直接相关？

引用与研究主题直接相关的文献可以使读者更好地理解研究问题和研究背景，并且可以为研究者的研究提供理论和实证支持。这些文献可能包括与研究主题相关的先前研究、理论框架、方法论或概念模型等。

如果引用的文献与研究主题不直接相关，那么可能会使读者感到困惑，同时也会降低论文的学术质量和可信度，因此，确保引用的文献与研究主题直接相关是撰写论文时必须注意的一个重要方面。

举例来说，如果研究者在一篇关于在线学习平台对学生学习成效影响的研究论文中引用了关于认知负荷理论的文献，那么这些引用与其研究主题是直接相关的，因为认知负荷理论可以帮助解释在线学习平台对学生学习成效的影响。

11.7 是否引用了多种类型的文献，如期刊文章、书籍、会议论文、政府报告等？

不同类型的文献具有不同的信息来源和研究质量，引用多种类型的文献可以使论文更加全面和具有说服力。

期刊文章通常是学术研究的主要来源，因为它们经过同行评审，具有较高的学术可信度。书籍通常提供了更深入和全面的背景知识和理论框架。会议论文则可能包含一些最新的研究成果和探索性研究。政府报告和其他官方文献可能提供了一些实证数据和政策背景。

通过引用多种类型的文献，可以展示研究者对于研究主题的全面了解，并且能够从不同的角度支持研究论点。这样做也有助于提高论文的可信度和说服力，使研究结果更具有学术价值。

举例来说，如果研究者在一篇关于教育技术对学生学习成效影响的研究论文中引用了多种类型的文献，如相关的期刊文章、著名教育学家的书籍、最新的教育技术会议论文以及政府教育部门发布的教育报告，则可以说明该研究具有多方面的支持和背景，从而使研究者的论文更具有说服力和学术性。

11.8 是否主要引用了知名的期刊论文？

知名的期刊通常具有较高的学术声誉和影响力，其发表的论文经过严格的同行评审，质量较高且可靠，因此，引用知名期刊的论文可以提高研究的可信度和权威性，表明研究是基于权威的学术资源和研究成果。此外，知名期刊的论文通常代表了该领域内最新和最具影响力的研究成果，引用这些论文可以使研究保持在学术前沿，了解最新的研究动态和发展趋势。

另外，知名期刊的论文通常具有较高的引用率和影响因子，被广泛引用和讨论，有助于研究者将自己的研究成果与其他研究者的工作联系起来，建立学术交流和合作的桥梁。通过引用知名期刊的论文，研究者可以与学术界的其他同行保持联系，促进学术交流和合作，提升自己在学术界的声誉和影响力。

11.9 文中直接引用是否使用了双引号并提供了页码？

直接引用是指研究者完全复制了原文中的一段文字，包括句子结构、用词和标点符号等，而没有进行任何改动。在引用的文字前后加上双引号可以清楚地标示出这部分文字是原文的直接引用。研究者还需要在引用处注明原文的作者、出处和页码或段落号码等信息，以便读者可以查证原文的来源。如果没有提供具体的页码或段落号，读者可能无法确定引用内容在原文中的确切位置，这会影响读者对引用内容的理解和评价。

同时，当直接引用其他作者的文字时，必须使用引号。这是出于学术诚信和知识产权的考虑，以及对原作者的尊重和承认。

11.10 直接引用的位置是否不超过三处？

在学术写作中，直接引用的使用应该适度，并且避免过度依赖直接引用。引用他人观点、数据或文字的目的是支持自己的论点或提供相关背景信息，而不是简单地替代自己的思考和分析。

虽然没有一个固定的数字来规定直接引用的数量，但通常建议避免超过三处。如果论文中直接引用的位置超过了三处，可能会给读者留下过度依赖他人观点的印象，而不是展示研究者自己的研究和思考。相反，应该通过对文献内容的理解和分析，将其转化为自己的语言并加以解释，从而展示自己对研究主题的深入思考和理解。这样做不仅能够提高论文的原创性和学术性，还能够展示研究者对研究领域的独立思考能力。

11.11 整篇论文的引用格式是否保持一致？

无论采用哪种引用格式，都应该在整篇论文中保持一致，确保每个引用都按照相同的格式进行排版和标注。

此外，引用格式的一致性还包括文中引用和参考文献列表的统一规范。引用的文献应该在文中按照相同的格式进行标注，并且在参考文献列表中也应该按照相同的格式进行排版。这样可以使读者更容易找到引用的文献，并确保引用的准确性和完整性。

11.12 是否提供了参考文献的 DOI？

提供参考文献的 DOI（数字对象标识符）是近年学术圈比较盛行和鼓励的做法。DOI 是一个持久的、唯一的标识符，用于标识学术文献、数据集、图书等学术资源。提供 DOI 可以帮助读者更容易地找到和访问引用的文献，提高文献的可查性和可访问性。它通常以类似于"10.1234/abcd.123456"的形式出现，其中包含数字和斜杠。DOI 解析系统的网址是 https：//doi.org/，通过该网站可以直接输入或粘贴 DOI，然后点击解析按钮，即可跳转到相应的文献页面或资源链接。这样可以方便快捷地查找和访问具有 DOI 的学术文献或其他数字对象。

在引用文献时，如果文献有 DOI，最好将 DOI 包含在参考文献列表中。这样读者可以通过 DOI 直接访问文献的在线版本，而无须费力地搜索文献的全文或作者信息。

11.13 总的来说，引用文献数量是否在 40 条以上？

引用文献数量在一定程度上也反映了研究的深度和广度。通过引用多样化的文献，研究者可以展示其研究方法和结论的可靠性，并将自己的研究成果置于广泛的学术背景中。这有助于提升研究的学术质量和说服力，使其更具影响力和可信度。

然而，引用文献数量并不是唯一衡量研究质量的标准。在某些情况下，少量但精选的文献引用可能更具有说服力，特别是当这些文献是领域内的经典作品或具有重要影响力的研究成果时。因此，在评估引用文献数量是否达到 40 条时，还应考虑文献的质量、相关性和适用性，以确保研究的学术价值和质量得到充分体现。

此外，国内外学术期刊论文在参考文献数量上的要求差异较大。一些国内的学术期刊有时要求控制在 15 条以内，以满足版面篇幅限制要求。而国外的一些优质期刊则对参考文献数量没有限制，且不计入篇幅字数。

参考文献的评价标准见表 11.1

表 11.1 参考文献的评价标准

评价标准	是	不确定	否
1. 是否列出了所有在研究中引用的文献？			
2. 引用信息（如作者、出版年份、文章标题、期刊名称、卷号、页码等）是否准确无误？			
3. 是否遵循了所在领域（尤其目标期刊）的引用格式规范？			
4. 是否包含最新的研究成果？			
5. 是否平衡了经典文献和最新研究的引用？			
6. 引用的文献是否与研究主题直接相关？			
7. 是否引用了多种类型的文献，如期刊文章、书籍、会议论文、政府报告等？			
8. 是否主要引用了知名的期刊论文？			
9. 文中直接引用是否使用了双引号和提供页码？			
10. 直接引用的位置是否不超过三处？			
11. 整篇论文的引用格式是否保持一致？			
12. 是否提供了参考文献的 DOI？			
13. 总的来说，引用文献数量是否在 40 条以上？			

12　如何评价附录

附录（Appendix）是学术论文的一个补充部分，用于包含一些不适合直接放入正文的额外信息和材料。附录部分在学术写作中具有重要作用，因为它提供了一种方式来包括补充性的、详细的或过于冗长的信息，以充分支持研究，同时不会让正文变得复杂或冗长。提供附录有以下好处。

（1）完整性：附录允许作者将与研究相关的所有信息都包括在论文中，从而确保读者能够获得全面的信息。这包括原始数据、复杂的图表、额外的方法细节等。

（2）减少干扰：附录可以减少正文中的干扰因素，使正文更加简洁和易于理解。某些详细信息可能只对少数读者有用，将其放在附录中有助于保持正文的流畅性。

（3）提供数据支持：附录通常用于包括原始数据、补充图表和图像，这些数据可以帮助其他研究者验证研究的结果或进行进一步的分析。

（4）透明度和验证：附录提供了关于研究方法和数据的更多细节，增强了研究的透明度和可验证性。其他研究者可以借助附录中的信息来重复研究或进行相关研究。

附录的内容可以包括但不限于：

（1）原始数据集；

（2）详细的实验方法；

（3）补充图表、图像或图形；

（4）附加材料和信息；

（5）问卷调查或访谈指南；

（6）补充的数学推导；

（7）特定细节的计算或代码。

12.1 附录内容是否与研究主题直接相关，对理解研究结果至关重要？

附录的内容应当直接与研究主题相关。这意味着，如果某个部分的内容对于论文的主要观点、方法或结果具有直接的影响或解释作用，那么将其放置在附录中是合适的。例如，你在研究中使用了一项复杂的统计分析方法，但认为它对于大部分读者而言可能过于深奥，那么你可以选择将这些详细的统计数据和计算过程放置在附录中，以便那些对此感兴趣或需要进一步了解的读者参考。包含这些工具的原因有以下几点。

透明度和可复制性：将调查问卷、访谈指南、数据收集表格等工具包含在附录中，可以提高研究的透明度，使其他研究者能够理解研究的具体操作步骤和数据收集过程。这有助于评估论文的可复制性，从而增强其学术信任度。

方法论的评估：附录中包含的工具可以帮助其他研究者评估论文所采用的研究方法的有效性和合理性。通过查看调查问卷、访谈指南等工具的设计，读者可以更好地了解研究的方法学基础，并评估其是否具有科学合理性。

学术交流和进一步研究：这些工具还可以促进学术交流和进一步研究。

其他研究者可能对你使用的调查问卷设计或访谈指南感兴趣，并希望借鉴或扩展你的研究方法。因此，提供这些工具的完整版本可以为学术界提供有益的参考和资源。

12.2 附录是否包含了所有必要的补充材料，以便其他研究者复现研究？

常见的期刊论文补充材料可能会包括原始数据、计算过程、额外的图表和图形等。

（1）原始数据：附录中应包含足够的原始数据，以便其他研究者能够重新分析研究结果。这些数据应该是清晰、完整的，并按照适当的格式组织，以便于读者理解和使用。

（2）计算过程：如果研究涉及复杂的数据分析或统计方法，附录中应提供详细的计算过程和分析步骤，以便其他研究者能够复现这些分析并验证结果的准确性。

（3）额外的图表和图形：除了主文中包含的图表和图形，附录中还应提供额外的图表和图形，以支持论文中所报告的结果。这些额外的图表和图形可以为读者提供更全面的数据展示，帮助他们更好地理解研究结果。

（4）方法细节和补充材料：除了原始数据和计算过程，附录中还应提供其他方法细节和补充材料，如研究工具的完整版本、调查问卷的详细说明、访谈指南的示例等。这些材料可以帮助其他研究者更好地理解研究设计和实施过程，并为他们的相关研究提供参考。

12.3 附录中的信息是否清晰、易于理解？

以下是确保附录满足这些标准的几个关键方面。

（1）清晰易懂的格式：确保附录内容的排版和格式清晰易懂。可以使用适当的标题、子标题和段落分隔来组织内容，使读者能够轻松地找到所需信息。

（2）简明扼要的说明：每个附录条目应该有简明扼要的说明，解释其内容和目的。这些说明可以放在每个附录条目的开头，帮助读者快速理解其含义和重要性。

（3）适当的标题：每个附录应该有适当的标题，明确指示其内容。标题应该简单明了，能够准确反映附录的内容，并吸引读者的注意力。

（4）详细的内容描述：除了标题，附录中的内容应该有详细的描述，以进一步解释其含义和背景。这些描述可以包括方法说明、数据分析步骤、数据收集工具的使用说明等，帮助读者更好地理解附录内容。

（5）图表和图形说明：如果附录包含图表、图形或其他视觉资料，确保每个图表和图形都有清晰的标题和说明，解释其含义和数据来源。这有助于读者正确理解图表和图形所表达的信息。

12.4 附录是否按照逻辑顺序排列，便于读者查找和参考？

确保附录满足标准的关键方面包括逻辑顺序排列、清晰的标题和编号、提供索引以及参考正文内容，可以帮助读者更轻松地查找和参考附录内容，提高论文的可读性和使用效率。

逻辑顺序排列：附录中的内容应按照逻辑顺序排列，以确保读者能够轻松地找到所需信息。通常，可以按照在正文中提及的顺序或根据内容的主题进行排列。

清晰的标题和编号：每个附录条目都应有清晰的标题和编号，以帮助读者快速识别其内容。可以使用适当的标题层次结构和编号体系，使附录内容易于浏览和理解。

提供索引：在论文的目录或附录部分提供清晰的索引，指出附录中各项内容在正文中的对应位置。这可以是一个简单的列表，列出每个附录条目及其在正文中的引用位置；也可以是一个交叉引用表，详细列出正文中的引用位置并链接到相应的附录内容。

参考正文内容：在索引中，可以提供与每个附录内容相关的正文引用，以帮助读者理解附录的背景和上下文。这有助于读者更好地理解附录内容与研究主题之间的关系，并在需要时快速查找相关信息。

12.5 附录中的所有数据和信息是否准确无误？

任何错误或不准确的数据都可能影响到读者对研究结果的理解和评估。为确保附录内容的准确性，需要进行仔细的核对和验证。首先，在编写和整理附录内容时，务必反复检查所有数据和信息，确保其与研究过程和结果一致。其次，可以邀请同行或其他专家对附录进行审阅，以帮助发现可能存在的错误或不准确之处，并提供反馈和建议。再次，参考原始资料以验证附录中的引用和数据的准确性也是非常重要的。查阅原始文献、数据集或其他来源，以确保附录中的引用和数据与原始资料一致。从次，还要确保附录中所使用的数据和信息来源于可信的、权威的来源。避免使用未经验证或来源不明的数据，以免引入错误或不准确的信息。最后，在编写附录时，及时进行修订和更新也是必要的。如果在编写过程中发现了错误或不准确的信息，务必进行修订和更新，以确保附录中的数据和信息是准确无误的。

　　以教育学研究为例，比较容易出现错误的情况有附录里的问卷题目数量、选项等与正文中描述的不一致，或者访谈问题的数量与正文中不一致。另外，如果附录中包含图片，还要确保图片里的文字没有错误或格式问题。

12.6 附录是否避免了不必要的冗余，只包含对研究有实质贡献的材料？

　　在确定附录内容时，需要仔细审查并确保其中包含的材料对于读者理解研究结果是必要的和有意义的。如果某些内容在正文中已经充分描述并且没有添加额外的价值，那么就没有必要在附录中重复呈现。相反，附录应该专注于提供补充信息或支持材料，例如原始数据、额外的分析结果、补充图表或图形等，这些内容对于理解研究结果和方法是至关重要的。

12.7 附录的格式是否清晰、便于阅读和理解？

　　清晰的格式可以使读者更容易浏览和理解附录的内容，从而更好理解研究的方法、数据和结果。

　　确保附录的格式清晰和易读的方法包括以下几方面。

　　（1）使用适当的排版和格式化：确保附录内容的排版和格式化简单明了。可以使用合适的标题、子标题和段落分隔来组织内容，使其易于阅读和理解。

　　（2）保持一致性：保持附录中不同部分的格式和样式一致性使读者更容易跟随内容。例如，保持标题的样式、字体和大小一致，并使用相似的格式化方式来呈现数据和信息。

　　（3）提供清晰的标注和编号：对附录中的各个部分进行清晰的标注和编号，以帮助读者快速定位所需内容。使用适当的标题层次结构和编号体系，使读者能够轻松地导航和浏览附录内容。

（4）使用表格、图表和图形：如果适用，可以使用表格、图表和图形来呈现数据和信息。确保这些视觉元素清晰、易读，并与附录中的文本内容相辅相成，有助于读者更好地理解研究结果。

（5）提供足够的解释和注释：对于附录中的复杂内容或技术性内容，提供足够的解释和注释是非常重要的。确保读者能够理解附录中的数据、方法和结果，避免产生歧义或误解。

12.8 附录中的引用和格式是否与正文保持一致？

保持一致性有助于读者理解和导航论文的不同部分，并确保论文整体呈现出统一的风格和结构。

在附录中，引用应该遵循与正文相同的引用规则和格式。这包括使用相同的引用风格（如 APA、MLA、Chicago 等）、相似的引用标注格式和相同的引用编号系统（如果有的话）。此外，引用的内容应该与正文中的引用一致，确保不会引起混淆或误解。

除了引用，附录中的格式也应该与正文保持一致。这包括使用相同的字体、字号、标题样式等，以确保整篇论文呈现出一致的外观和风格。保持引用和格式与正文的一致性，可以帮助读者更轻松地理解和导航附录内容，并增强论文的可读性和专业性。

12.9 附录是否为读者提供了额外的实用信息，如研究方法的详细说明、数据分析的额外步骤等？

附录通常会为读者提供额外的实用信息，例如研究方法的详细说明、数据分析的额外步骤等。这些额外的信息有助于读者更深入地理解研究的方法和结果，提供对研究过程和数据分析过程的更全面的视角。

附录包含这些额外信息的好处包括以下几点。

方法的详细说明：附录可以包含研究方法的详细说明，例如研究设计、样本招募、实施过程等。这些信息可以帮助读者更好地理解研究的方法学基础，并评估研究的可信度和可复制性。

数据分析的额外步骤：附录还可以包含数据分析的额外步骤或详细说明，例如复杂的统计分析方法、数据清理过程等。这些额外步骤可以提供对数据分析过程更深入的理解，并帮助读者理解研究结果的产生过程和可靠性。

补充资料和工具：附录还可以包含补充资料和工具，例如调查问卷、访谈指南、数据收集表格等。这些资料和工具对于其他研究者复制研究或进一步探索相关主题非常有用，提供了实用的参考和资源。

12.10 在包含敏感数据或个人信息时，是否采取了适当的保密措施？

在包含敏感数据或个人信息的情况下，应采取适当的保密措施。这是确保研究符合道德标准和法律规定的重要步骤之一。以下是一些常见的保密措施。

（1）匿名化：将个人身份信息删除或替换为匿名标识符，以防止识别特定个体。这意味着在附录中，个人身份信息应该被删除或隐藏，以保护被调查者的隐私。

（2）数据脱敏：对于敏感数据，如个人健康记录或财务信息，可以采取数据脱敏的方式处理，以去除个人身份信息或其他敏感信息。这可以通过删除或模糊化关键信息来实现。

（3）访问控制：限制对敏感数据的访问，并确保只有授权人员才能访问和处理这些数据。在附录中，可以说明数据的存储和访问方式，以及谁有权访问和使用这些数据。

（4）安全存储：对于敏感数据，应采取安全存储措施，如加密、密码保护或存储在安全服务器上，以防止未经授权的访问或数据泄露。

（5）合规性声明：在附录中提供合规性声明，说明研究如何遵守相关的隐私法律和道德准则，并说明采取的保密措施以保护被调查者的隐私。

通过采取这些保密措施，可以有效保护敏感数据和个人信息的隐私，确保研究符合道德标准和法律规定。这有助于建立研究的可信度，并保护被调查者的隐私权益。

论文附录的评价标准见表12.1。

表 12.1　附录的评价标准

评价标准	是	不确定	否
1. 附录内容是否与研究主题直接相关，对理解研究结果至关重要？			
2. 附录是否包含了所有必要的补充材料，以便其他研究者复现研究？			
3. 附录中的信息是否清晰、易于理解？			
4. 附录是否按照逻辑顺序排列，便于读者查找和参考？			
5. 附录中的所有数据和信息是否准确无误？			
6. 附录是否避免了不必要的冗余，只包含对研究有实质贡献的材料？			
7. 附录的格式是否清晰、便于阅读和理解？			
8. 附录中的引用和格式是否与正文保持一致？			
9. 附录是否为读者提供了额外的实用信息，如研究方法的详细说明、数据分析的额外步骤等？			
10. 在包含敏感数据或个人信息时，是否采取了适当的保密措施？			

13　如何综合评价论文质量？

13.1 论文的写作语言是否简洁而准确？

在学术写作中，论文的写作语言是否简洁（Concise）而准确（Accurate）是一个非常重要的考量因素。这是因为使用、简洁且准确的语言来撰写论文，可以更有效地传达研究者的思想和发现，同时也有助于避免读者产生误解。例如，有一篇论文研究的主题是如何提高小学生在数学学习上的兴趣，如果该论文能够运用简明扼要的语言来描述其研究过程和结果，并且避免使用难以理解的专业术语，那么其表述就会变得更加准确清晰，使得教师们能够轻松阅读和理解。为了达到这样的写作效果，研究者应该努力避免使用复杂的句式和专业术语，而是尽可能地确保表达方式直白且准确。这样的写作风格不仅有利于论文的清晰表达，也使得论文的学术价值和实用性得到提升，更易于被教育界的实践者所接受和应用。

例如，新手研究者常常使用动词 + 名词的形式来描述一项活动，而没有直接使用表示实际意义的动词（进行了一项……的研究 vs. 研究了……），这会让句子显得过长。另外，过度使用从句或修饰语也会让句子变得啰唆，影响读者理解。因此，建议新手研究者在写作过程中注意简化句子结构，使用直接有效的动词表达，以确保论文语言简洁准确，更易被读者理解和接受。

13.2 论文的写作语气是否客观而中立？

确保写作语气的客观性和中立性要求研究者在叙述和分析过程中必须保持客观和中立的态度，避免带有主观色彩的判断或情感倾向。例如，有一篇论文的研究主题是探讨课后辅导对低年级学生学习效果的影响，如果作者在叙述不同的研究结果和观点时，能够采用基于事实的客观态度，避免使用带有褒贬意味的词汇，公正地比较和对待各种不同的看法，那么这篇论文就能有效地体现出客观和中立的学术精神。为了达到这一标准，研究者在写作时应该专注于事实和数据，避免任何可能引入主观偏见的言辞，从而确保整篇论文都能够公正无私地反映研究的真实情况和综合观点，这样的论文更容易获得学术界的认可和尊重。表 13.1 是一些应避免使用的词汇类型及其原因。

表 13.1 **应避免使用的词汇类型及其原因**

举例	带有情感色彩的词汇： 例如："糟糕的结果""令人兴奋的发现"。 原因：这类词汇含有情感倾向，可能会使论文听起来带有偏见或过于主观。 模糊不清的量词或形容词： 例如："很多""少量""更好""相当多"。 原因：这些词汇缺乏准确性，使得论文中的表述显得不够具体和科学。 主观判断或假设性表达： 例如："显然""必然""无疑"。 原因：这类词汇预设了结论，可能会忽视其他证据或观点，降低论文的全面性和客观性。 极端词汇或绝对化表达： 例如："永远""完全""绝对""最好"。 原因：极端或绝对化的表达往往忽略了复杂性和条件性，可能不适合复杂和多变的学术研究。 带有价值判断的词汇： 例如："失败""成功""优秀""劣质"。 原因：这些词汇包含主观评价，可能不利于客观、中立地描述研究现象或结果

13.3 论文引用已有文献时，是否既尊重又有批判精神？

在学术写作中，论文引用已有文献时既要尊重原有工作，又要展现批判精神。具体来说，这意味着在引用其他学者的工作时，作者不仅应该识别并认可这些工作的贡献，而且还需要对这些研究的方法和结论进行理性的分析和评价。例如，有一篇研究小班教学模式的论文，在引用相关理论时，作者可能会指出这些理论的优点，如能更好地满足学生个体差异的需求。同时，作者也可能提出，尽管这些理论有其优势，但在某些方面仍需进一步的实证测试，比如在不同文化背景或不同年龄段的学生中应用这些理论的效果。这种引用方式不仅体现了对前人工作的肯定，而且通过提出合理的批评和建议，展现了作者的独立思考和深入分析能力。这样的写作风格不仅增加了论文的学术价值，而且有助于推动学术领域内的知识进步和理论发展。

13.4 论文是否可以让读者迅速识别每一段的中心意思？

确保论文中每一段都能让读者迅速识别其中心意思，对于学术写作来说极为重要。这主要是因为，每一段都应有一个明确的中心思想，这有助于构建清晰的段落结构，使得读者能够更好地理解和跟进论文的整体内容。为了实现这一点，作者应该确保每个段落都以一个明确的主题句开始，这个主题句应概括该段落的核心内容。随后，段落中的其他句子应围绕这一核心思想展开，提供必要的细节、证据或解释，以支持主题句所提出的观点。

例如，如果论文的某一段落的目的是阐述小班教学对学生学习成绩的积极影响，那么该段落可以一句明确的主题句开头，如"小班教学模式被证明能显著提高学生的数学成绩"。随后，这一段落可以包括一些具体的研究结果、统计数据或案例研究，以支持这一观点。这种结构不仅使论文的每一部分都具有明确的焦点，而且也使读者能够快速把握每个段落的主要论点和支撑论据，从而增强了论文的可读性和说服力。

13.5 论文中是否有拼写错误、错别字、语法错误、容易引起歧义的句子？

在学术写作中，常见的拼写错误和语法问题涵盖了多个方面，这些错误如果不加以修正，可能会对论文的整体质量产生负面影响。第一，拼写错误是最直观的问题，可能包括单词的错误拼写或错字，比如中文写作中的"的得地"不分与误用；英文论文中将"their"误写为"there"或"it's"（它是）和"its"（它的）的混淆。第二，语法错误也十分常见，例如，时态不一致、主谓不一致和错误的句子结构。第三，作者可能在复杂的句子中使用错误的标点符号，导致句子结构混乱，难以理解。第四，使用不当的介词、错误的词序或不恰当的连词也是常见问题，这些都可能导致句子意思不明确或逻辑混乱。例如，一个简单的介词错误，如将"in"误用为"on"，可能会完全改变句子的意思。第五，过度使用被动语态也是一个常见问题，它可能使句子显得笨拙和不清晰。第六，需要注意的是，有些错误可能不会被拼写检查软件捕捉到，例如使用了正确的单词，但在上下文中不合适，这就要求作者在校对时更加细心和专注。

13.6 论文是否提供了足够的研究细节让读者可以有信心复制这个研究？

详尽的方法描述不仅是实现研究复现的基础，也是验证研究结果真实性的关键因素。作者应该在论文中详细描述研究的设计、实施步骤、所使用的材料、数据收集和处理方法。例如，如果一篇论文探讨的是实验教学的效果，那么作者应该详细说明教学活动是如何设计的、上课的频率如何、时长多少、实验是如何操作进行的、数据是如何收集和分析的，以及使用了哪些统计方法。这种详尽的描述不仅使其他研究者能够准确地理解研究过程，还使他们有可能重复这项研究，以验证其结果的可靠性。

13.7 该论文是否能够引起利益相关者的足够兴趣？

论文的吸引力意味着内容不仅具有学术价值，而且能够触及读者的实际需求和兴趣点。为了做到这一点，作者需要在撰写之初就明确自己的目标读者群体，并确保研究的主题、问题和发现能够引起这些读者的关注和兴趣。例如，如果有一篇论文专注于研究如何提高家长在小学低年级孩子教育中的参与度，那么这篇论文的目标读者群体可能主要是家长、教师和教育政策制定者。在这种情况下，论文作者可能会选择访谈小学低年级学生的家长，并确保论文中的观点、论据和建议都紧密关联这些家长的实际需求和关注点，如家庭教育的策略、家长与学校的互动方式等。通过这样的方式，论文不仅能够提供有价值的学术见解，还能够吸引目标读者群体的广泛关注，从而在实际教育领域产生更深远的影响。

13.8 该论文是否有效地结合了理论与实践？

判断一篇论文是否有效地结合了理论与实践是非常重要的，因为理论与实践的结合可以有效地提升论文的质量和实用性。理论提供了研究问题的框架和支撑，帮助读者理解研究的背景和意义。实践则是将理论应用到实际情境中，验证理论的有效性并提供解决问题的实际方法。有效地结合理论与实践可以使论文具有理论支撑和实践指导，使研究更有说服力和可操作性，对学术界和实际应用都具有重要意义。

在过去，学术论文主要在学术圈内传播，很少为大众所接触。随着高校扩招、学历提升等措施的实施，以及社交媒体的发展与有效信息的传播，越来越多的研究结果开始进入大众视野。一方面，学术论文的写作风格正在发生变化。为了更好地向大众传播研究成果，许多学者开始采用更加通俗易懂的语言，并使用图表、图片等方式来呈现研究结果。另一方面，学术期刊也开始探索新的传播方式。一些期刊开始在社交媒体上开设账户，并定期发布研究摘要和评论文章。还有期刊开始与科普平台合作，将研究成果以更加通俗易懂的方式呈现给大众。这些变化表明，学术研究正在逐渐走向大众化。这有助于提高公众对科学研究的认识，并促进科学知识的传播。

13.9 该论文的研究目的是否从一而终，没有变过？

确保研究目的自始至终保持一致性是非常重要的。它可以帮助研究保持焦点，避免偏离主题，同时深入探究特定的研究问题。具有一致性的研究目标对于确保研究的深度和准确性至关重要，因为这样可以保证研究的各个方面都紧密围绕着核心的研究问题展开。为了做到这一点，研究者需要从论文的开头就明确其研究目的，并在整个研究过程中持续关注这一目的。这意味着从问题的提出、文献回顾、方法论的选择，到数据的收集、分析和结果的讨论，每个步骤都应紧密地与初始设定的研究目标相联系。例如，一篇论文的目标是探讨小班教学对学生学习成效的影响，那么论文的每个部分都应该围绕这一中心目标展开。在文献回顾中，作者应该集中于小班教学与学习成效之间的关系；在方法论部分，研究设计和数据收集应该旨在捕捉小班教学的影响；在结果和讨论部分，分析和解释应直接关联到小班教学如何影响学习成效。通过这种方式，整篇论文从头到尾都维持着一致的研究目标，这不仅有助于保持研究的聚焦，也增强了研究结论的可靠性和有效性。

13.10 如果没有做这项研究，你是否凭直觉也能预测到这些研究结果？

这条评价标准的意义在于判断研究是否仅仅是在重复已知的信息，或者它是否真正提供了新的理解和观点。提供超出预期的研究结果对于展示研究的深度和价值至关重要，因为这表明研究可能挑战了现有的假设，提出了新的理论或发现了未被发掘的现象。为了达到这一标准，研究者需要分析他们的研究结果是只是对已有知识的再确认，还是提出了新的、有洞察力的观点。例如，考虑一项研究，它探讨了校外学习活动对学生兴趣发展的影响。如果这项研究发现，与普遍认知相反，每周一次的校外学习活动对某些学生群体更有益，那么这样的发现就突破了传统的观念，提供了对这一领域新的深刻理解。这类意料之外的发现不仅提高了研究的学术价值，而且可能促进相关领域的进一步研究和实践的改进。因此，确保研究能够提供超出直觉和常识的见解是提升其学术重要性和实际应用价值的关键。

13.11 语言表达的清晰度如何？

语言的清晰度直接影响研究结果的理解和接受度。研究者需要使用简单明了且通顺的语言来阐述研究发现，这不仅有助于避免混淆和误解，还能确保研究的核心观点和结论能够被广泛理解。通过以下几个方面的检视，可以较为直接地判断出语言表达的清晰程度，从而有针对性地进行优化和完善。

（1）语句通顺性。仔细检查每一个句子，观察语句结构是否通顺，词语搭配是否恰当、语义是否明确。如果发现语句结构混乱、用词不当、歧义等问题，说明语言表达需要改进。

（2）概念解释充分性。关键概念和术语是否解释清楚，是否提供必要的背景信息和定义。如果读者无法准确理解某些关键概念，说明语言表达还需完善。

（3）逻辑关系清晰度。观察文章的论证逻辑，各个论点之间的递进关系是否清楚，转折、因果等逻辑关联是否表达明确。如果读者无法准确把握论证的逻辑脉络，则说明语言表达还需优化。

（4）语言简洁性。检查是否存在冗余、重复的表述，是否可以用更简洁的语言表达相同的意思。过于冗长烦琐的表述，会影响读者的理解。

14　中英文期刊论文评价有何不同

　　在日益全球化的今天，了解中文英文学术期刊论文写作的不同十分必要。首先，跨文化交流日益频繁，中国学者越来越多地在国际期刊上发表论文，英语成为主要的学术交流语言。同时，越来越多的外国学者也开始关注中国的学术成果，需要阅读中文期刊论文。了解两种语言论文写作的差异，有助于缩小文化鸿沟，促进真正的跨文化交流。其次，对于中国学者来说，了解英文论文写作的特点，能够帮助他们在投稿国际期刊时，更好地满足编辑和审稿人的期望，提高论文被接受的概率。同时，对于外国学者来说，了解中文论文写作的惯例，也有助于他们更好地理解和解读中国学者的研究成果。此外，当中外学者在学术交流中，如果能够相互理解彼此论文写作的差异，就能更好地消除由于文化差异带来的理解障碍，提高交流的质量和效率。这对于推动不同学术传统的融合与创新，具有重要意义。最后，在全球化背景下，学术规范的统一化趋势日益明显。了解中英文论文写作的差异，有助于研究者认识到规范化的重要性，并主动适应国际学术规范，从而推动学术交流的标准化。

　　中英文论文写作存在差异，既反映了中西方文化传统的不同，也体现了两种语言表达的特点。作为研究者，需要充分认知这些差异，根据发表的目标受众，有针对性地调整论文的语言风格和结构组织，从而提高论文的可读性和影响力。鉴于本书的读者更为熟悉中文学术写作，本章将主要与大家分享笔者所了解的英文学术期刊发表的特点。

14.1 篇幅与结构差异

从篇幅上看，英文期刊论文允许的字数更多。例如，*Educational Technology & Society* 要求论文正文在 8000 字以内，不包含参考文献和附录。中文期刊常常对论文的整体篇幅有限制，且不太鼓励在期刊上发布附录等内容。

引言：英文论文的引言部分通常更加精练，直接指出研究的背景、目的和重要性。例如，英文期刊论文可能会明确提出研究问题（Research Question）或假设（Hypothesis），并概述研究的贡献。相比之下，中文论文的引言可能更加宽泛，有时包含更多和更广泛的背景信息（如政策背景）和文献回顾。

方法：英文论文在方法部分要求更为详细，甚至要足以让其他研究者复现实验。这包括实验设计、样本选择、数据收集和分析方法等。中文论文可能在这方面要求较为简略，有时缺乏足够的细节描述。

结果：英文论文的结果部分通常以图表和图形的形式直观展示数据，强调数据的客观性和可验证性。中文论文可能更侧重于文字描述，有时图表和图形的使用不如英文论文频繁（这个也可能与篇幅的限制不同有关）。

讨论：英文论文的讨论部分强调对结果的深入分析，探讨其与现有文献的关系，以及研究的局限性。中文论文可能更多地讨论研究的意义和对实践的启示。

结论：英文论文的结论部分简单明了，总结研究的主要发现，并提出未来研究的建议。中文论文的结论可能更加强调研究的实际应用和政策建议。

14.2 语言与表达风格

从语言风格上看，英文论文倾向于使用简洁、客观的语言，避免使用第一人称，强调研究的客观性和科学性。同时，句式上也力求短小精悍，需减少长难句的数量。中文论文可能更加注重语言的修辞和表达的丰富性，有时使用第一人称（笔者）来增强论述的说服力。

论证方式上，英文论文一般开门见山，通过先给出论点，吸引读者注意力，然后分步骤地论证，并给出论据的支持。中文写作更多的是归纳和递进式的，通过前期的一些分析和铺垫，最终呈现有力的结论和观点。

14.3 参考文献格式

英文论文遵循严格的引用规范，如 APA、MLA 或 Chicago 等，要求详细列出所有引用的文献，没有数量限制。哪怕是领域内的名人名言，也需要追溯到这句话的来源文献和确切年份，并在参考文献中列出。英文论文中的中文文献也要全部按照目标期刊的格式进行翻译和调整。虽然没有明确要求，但发表在英文期刊上的论文来源应尽量以英文为主，便于锁定准确的文献，验证真实性和相关度。

中文论文一般使用 GB/T 7714 ——2015 的引用格式，且要求参考文献数量较为精简。研究者可以仅仅引用领域内最为权威的和最为前沿的研究成果。

14.4 审稿与发表过程

大部分的英文期刊通常采用双盲审（Double-blinded Peer Review）制度，审稿人会对论文的质量和原创性进行严格评估。即使是不同的期刊，通常使用的投稿系统页面和操作流程也都差不多。如果投稿不属于期刊的征稿范畴，或者质量不过关，通常在几天之内就会接到被拒稿的邮件通知。如果稿件范畴和质量都没有问题，在几周到一个月会进入审稿环节，在获得 2~4 位审稿人的评价反馈之后，编辑就会做出如下决定。

（1）接受（Accept）稿件：如果审稿人对稿件的质量、原创性和学术价值持肯定态度，并建议接受该稿件发表，编辑可能会决定接受该稿件。在接受稿件后，编辑会通知作者，并安排后续的发表流程，如修改稿件、审校、排版等。

（2）拒绝（Reject）稿件：如果审稿人认为稿件存在重大缺陷、方法不当、结论不可靠等问题，并建议拒绝该稿件发表，编辑可能会决定拒绝该稿件。在拒绝稿件后，编辑会向作者发送拒稿函，说明拒绝的原因，并可能提供一些意见或建议作者提交到其他期刊。

（3）修订和重新提交（Revise and Resubmit）：如果审稿人认为稿件有潜力，但需要进行一些修改和改进，编辑可能会要求作者对稿件进行修订后重新提交。

（4）转送（Transfer）他处：如果编辑认为稿件不适合该期刊，但可能适合其他期刊，编辑可能会建议作者将稿件转投其他期刊。

（5）再审（Re-Review）：如果审稿人意见分歧较大，编辑可能会选择再次邀请其他审稿人对稿件进行评审，以获得更多意见和建议。

（6）拒绝并重新提交（Reject & Resubmit）：这意味着编辑不会接受当前版本的稿件，但鼓励作者对稿件进行重大修订后重新提交。在这种情况下，编辑通常会向作者提供审稿人的意见和建议，帮助作者理解需要进行的改动，并给予一定的时间来进行修订。作者可以根据审稿人的建议和编辑的指导对稿件进行修改，并重新提交给期刊进行再次评审。这种决定通常表示编辑认为稿件有潜力，但需要作者进行进一步的工作才能符合期刊的要求。

从发表周期上看，英文期刊的发表周期可能稍短。虽然审稿和修改过程较为严格，但由于期刊的评审制度比较完善（如初步格式和伦理审查时会使用机器辅助），过程指示比较明确，且审稿人的修改意见往往比较细致，所以能够帮助作者快速找准问题点，进行有针对性的修改和再次提交。因此，一些论文能做到从提交到发表耗时半年左右。

首先，中文期刊的审稿过程在不同的期刊之间差异较大，甚至有的期刊即使认为稿件不符合要求，不打算送入外审环节，也不会以任何方式通知作者，导致作者盲目等待几星期到几个月。其次，审稿人的评价质量差异较大，有的十分详细，有的则十分宽泛，很难帮助作者快速识别自己的修改方向。最后，中文核心期刊数量较少，而投稿量巨大，因此，整体上中文核心期刊的发表周期可能相对较长，除非是专家约稿，或者涉及前沿或时事热点等。

14.5 研究伦理要求

中英文期刊在研究伦理要求方面也存在一些差异，主要体现在以下几个方面。

首先，在研究对象的保护方面，英文期刊通常有更为严格的要求。许多英文期刊会要求作者提供研究对象的知情同意书，并对隐私信息进行脱敏处理；而在中文期刊中，这种要求相对宽松，有时仅需简单说明已获得研究对象的许可即可。

其次，在利益冲突披露方面，英文期刊的要求更为细致。许多英文期刊会要求作者详细列出可能存在利益冲突的情况，如经济利益、个人关系等，并进行相应声明（Conflicts of Interest Statement）；而中文期刊在这方面的要求相对简单，通常仅需要作者声明"无利益冲突"。

再次，在研究数据共享方面，英文期刊的要求也更加严格。许多英文期刊会要求作者在论文发表时提供相关的研究数据集（上传到认可的网站储存，或者在他人合理请求时可以分享），以供其他研究者查阅和复制；而中文期刊鲜有此类要求，数据共享往往仅限于特殊情况下的学术交流。

最后，在研究伦理审查方面，英文期刊的要求更加规范。许多英文期刊会要求作者提供相关伦理审查委员会的审批文件；而中文期刊在这方面的要求较为宽松，有时仅需简单声明"已通过伦理审查"。

14.6 开放获取与学术影响力

开放获取（Open Access）是一种新兴的学术信息传播模式，它指的是将学术成果以数字化形式免费公开发布，使读者可以在网上免费阅读、下载和使用这些信息资源。

开放获取的主要特点包括以下几点。

（1）付费发表：作者支付论文发表费用（Article Processing Charge，APC），以确保论文能够免费公开获取。这些费用通常由研究经费或学校预算承担。

（2）免费获取：读者可以免费阅读、下载和使用这些学术成果，无须支付任何费用。

（3）数字化传播：这些学术成果以数字化形式发布在网上，便于快速传播和共享。

（4）版权保留：作者保留版权，但允许他人自由使用这些学术成果。

（5）促进交流：开放获取有助于加快学术成果的传播，促进跨学科、跨地域的学术交流。

目前，许多英文期刊支持开放获取，这意味着论文对公众免费开放，有助于提高研究的可见度和影响力，而且收录在 SSCI（Social Science Citation Index）中的一部分期刊属于开放获取，还有一些属于混合出版，即允许传统出版和开放获取两种方式。中文期刊在这方面可能还在发展中，开放获取的实践不如英文期刊普遍。

学术影响力：发表在 SSCI 收录的期刊上的论文通常具有较高的国际影响力。相比之下，中文期刊的影响力可能更多地局限于国内或特定区域。

15　AI 时代的论文质量评价

随着以 ChatGPT（Chat Generative Pre-trained Transformer）为代表的生成式人工智能（Generative AI）技术的迅猛发展，几乎人类生活和工作的所有领域都开始见证前所未有的巨大变革。短短一年内，我目睹了 ChatGPT 从只能基于前一年的训练数据对话，到可以精准搜索最新发表的参考文献；从只能文字聊天，到可以生成图片，模拟真实人类的语气进行语音对话，并且生成电影级别的视频……

在惊叹于科技的进步和科学家的伟大之时，我也心怀感激。感激自己在中青年时代，遇到了一位这么强大的"助手""导师""科研伴侣"。我从来不认为科研是痛苦的，但是我认为它在某些程序上是比较烦琐的。尤其对于没有团队，想靠个人热情和兴趣去完成某个研究的青年研究者来说，烦琐的程序是十分消耗人的。检索文献难吗？不难，甚至不需要动脑子；但是光检索合适的文献这个动作，在以前往往要耗费比写论文段落更长的时间。对于常常要承担教学、科研、家庭以及社会上多重责任的青年研究者来说，这些时间虽然琐碎，却十分宝贵。

ChatGPT 以及相关工具的相继"诞生"重新点燃了我的科研热情。那些我曾经认为遥不可及的科研目标好像离我更近了一些。我希望，通过阅读本书，你也会有此感受。

　　需要注意的是，本章作为本书的最后一章，内容倾向于简单明了，作为本书核心主题的补充。如果有对于 ChatGPT 等工具的原理感兴趣，或者想要下载多样化的 AI 工具去尝试和体验的读者，那么我会推荐去购买市面上的相关专业书籍，以及浏览专门网站。此外，我也深刻认识到，书籍的撰写和知识的更新永远跟不上技术变化的脚步，所以本章的内容也力求把握和部分呈现技术辅助学术评价的底层逻辑，以便读者在这个瞬息万变的时代可以抓住学习与成长的本质。以下是我为 AI 时代的论文评价列出的几个根本原则和实践策略。

15.1　AI 的出现没有改变论文本身的评价标准

　　这个原则其实很好理解。正如我们人类对于美食的评价标准，不会因为它的烹饪方式，是人工还是机器而有所改变。几乎千百年来，我们对于美食的要求一直是色、香、味俱全。同样地，虽然现在有了 AI 的加持，让我们得以快速地生成成千上万的文字，但是对于一篇论文应该由哪些要素构成、遵循怎么样的结构、使用什么样的措辞、选择怎样的研究方法，甚至篇幅要求，这些都没有改变。

　　我们当然可以把本书中的评价标准直接"投喂"给 GPT，让它根据本书的标准评价指定的任何一篇论文；但是，如果我们自己没有认真学习过评价标准的内涵和细节，就无法对 GPT 生成的内容做出判断，那么这样的信息一旦使用了且发布在公开场合就会产生较高的风险。这就好比我们让一款通晓药物知识的机器生产一款药，但如果没有最终的专业人工审核，吃下这种药的后果可想而知。

　　所以，在写作任何论文之前，熟悉甚至记住评价论文的这些标准是十分必要且无可替代的一个步骤。只有有了确切的评价标准，我们才能满怀信心地阅读和批判任何一篇学术文献，不轻易被他人的评价标准左右，产生自我怀疑。即使借助 GPT 等工具获得了评价结果，我们也应该按照客观标准重新审视其输出的结果，进行独立判断，确保负责任地使用 AI。

15.2 评价的准确程度取决于标准的清晰程度

我们一定都尝试过让他人给我们拍照，但是为什么当我们提出这样的要求："把我拍得好看点儿。"对方拍出的照片还是让我们觉得不可直视呢？是因为对方没有听见我们的要求，对方就想把我们拍得很丑？还是对方根本不会拍照？

其实最根本的原因就是我们的沟通不够精准：好看的标准是什么呢？对于一些人来说，眼睛睁着、没有逆光、景色优美就是好看；当然，对于另一些人，景色无所谓，但是人脸一定要小、腿一定要长、腰一定要细……所以，这类事件告诉我们的道理就是，有效的沟通，一定始于达成共识。

如果我们没有给 GPT 具体的评价标准，就让它评价一篇指定论文，它可能回复了很多字数，却完全回答不到点上。

怎样算是清晰的评价标准呢？至少具备两个特点：够具体和有边界。

够具体：清晰的评价标准应该具体明确，让读者可以直接判断是或者否。一方面，评价的维度数量要具体，是 3 个还是 5 个，或者 10 个？一定是维度越多，评价就越细致。例如，当我们用内容和格式两个维度去评价一篇论文时，GPT 输出的评价可能会比较宽泛。相反，如果我们让其评价论文的逻辑性、句式多样性、措辞复杂性、引用丰富性等多个维度，那么更有可能获得详细而有针对性的反馈。另一方面，评价的内容要具体。例如，逻辑性是一个比较抽象的概念，当我们要求一篇论文富有逻辑性时，我们可以"投喂"给 GPT 几个例子，说明它们具有逻辑性强的表现，因为它们每个句子和句子之间都有常见逻辑关联（因果关联、转折或者递进）。

有边界：清晰的评价标准应该有明确的边界，即定义清楚何为符合标准、何为不符合标准。这样可以避免主观性和歧义，确保评价的客观性和准确性。例如，问卷调查研究中如果没有提供信度和效度数据，或者数值低于 0.5 就属于不符合学术标准。边界的训练是通过给 GPT 正例和反例进行说明的。例如，在评价研究方法部分时，我们可以"投喂"一篇包含了准确的抽样方法、样本量大小、研究对象描述、研究设计的依据描述，以及规范的数据收集和分析过程作为正例，并解释为什么；之后再"投喂"另一篇不全面或者不准确遵循标准的论文，并指出其问题。这样可以更好地辅助 GPT 理解我们规定的每一条标准，并在是和非之间划清界限。

总的来说，在邀请 GPT 或者他人进行评价时，要确保双方就一些具体而有边界的标准达成共识，避免使用模糊不可量化的表达。此外，不同的学科在评价自己领域的论文时会存在一定的差异，甚至不同期刊对于收稿论文的风格和价值也会有不同的喜好，这就要求我们做细致入微的观察者，及时捕捉和记录这些差异，作为训练个人 GPT 的有效信息。

15.3 训练从量变到质变

相比只给 GPT"投喂"一篇，给它"投喂"多篇优质论文更容易训练它理解优质论文的质量，因为多篇优质论文可以提供更丰富和多样化的信息和样本，帮助 GPT 建立更全面的理解和认知。通过多篇论文的"投喂"，GPT 可以接触到不同领域、不同风格和不同作者的优质论文，从而形成更为全面和多维的认知模型。此外，多篇优质论文可以帮助 GPT 建立更准确的模型和标准，提高其对优质论文质量的判断能力和评估的准确性。通过多次观察和学习优质论文的特点，GPT 可以更准确地识别和理解优质论文的质量，提高其在生成类似内容时的表现。

因此，在使用类似工具时，研究者应该留心收集领域内专家和同人推荐和称赞的论文，把它们作为对标论文和训练数据。吸收了这些信息的GPT 对于评价标准定会更为灵敏，判断也更加准确。

15.4 把 AI 当成学习工具，努力提升高阶思维

在 Generative AI（GAI）时代，青年研究者应当认识到，尽管 AI 在数据处理和模式识别方面具有显著优势，但它在模拟人类的直觉、情感和创造性思维等方面仍有局限。AI 的强项在于其算法驱动的理性、客观和标准化处理能力，而这恰恰也是其局限所在，因为人类的认知和决策过程远比算法复杂得多。

教育的目的，特别是在高等教育阶段，不仅仅是知识的传授，更在于培养学生的批判性思维、创新能力和解决复杂问题的能力。使用 GAI 等技术的终极目标并不是替代人类的思考，让我们变得懒惰。相反，GAI 时代要求我们更加重视思考的力量，强调人类的原创性、批判性思维和推理能力。GAI 技术可以作为辅助工具，帮助我们完成一些基础性工作，释放我们的时间，让我们能够专注于更高层次的思考和创造。例如，GAI 可以生成论文草稿，但我们仍需运用自己的判断力来审视和完善这些内容；它可以完成初步的数据分析，但我们仍需运用自己的洞察力来解释数据背后的含义；它可以撰写邮件，但我们仍需运用自己的同理心来建立和维护人际关系。

因此，GAI 时代的到来，提醒我们教育的重点应转向培养能够适应未来社会需求的高阶思维能力。我们应该鼓励和重视发展独立思考的能力，培养个体面对复杂问题时的解决策略，以及在不断变化的世界中保持终身学习的态度。GAI 技术的发展，不应成为我们停止思考的理由，而应成为

我们提升思考深度和广度的契机。通过教育和 GAI 的协同，我们可以培养出更具创新精神和适应能力的下一代，为构建一个更加智能和人性化的未来社会奠定坚实的基础。

参考答案

1

标题一虽然具体且给出了研究方法，使用"经历与感受"这样非正式的词语给人一种业余的感觉。如果换成认知与动机，就会给人比较专业的印象。标题二过于简洁，看不出研究方案、理论视角或者研究对象。标题三看得出十分聚焦，但是任何现象的影响因素都会有很多，通过一个研究想要探索很多个影响因素感觉有些假大空，不如直接指出哪几个影响因素。标题四虽在这几个标题之中得分最高，但是也不够完美。国内论文一般会比较喜欢现状、问题和对策一起研究，英文论文一般不把对策作为研究题目或内容的一部分，而是更微观和聚焦。标题五给人一种比较思辨和抽象的感觉，而且知识隐藏这个现象还没有研究到防范的地步，仍处于初期探索阶段。

2

该摘要应该稍微定义一下什么是知识隐藏，并指出为什么有必要研究这个现象，以及聚焦高校教师群体的特殊性。换句话说，背景和动机铺垫得不够。此外，研究到底采用了什么方法、样本量如何、测试了什么变量、具体得到了怎样的结果都没有交代清楚。用了一些模棱两可的词语，例如"一些""普遍"等，给人十分随意和业余的感觉。

3

该引言适当引用了足量的文献，且确保了文献的时效性和权威性。开头就解释了定义，并给出聚焦高校教师的原因。后面层层展开，从知识隐藏的后果严重性、已有研究的进展和空白，到提出当前研究的目的和具体问题。

最大的缺点在于研究问题不够聚焦、太宏大，且没有和研究目的完全对应。如果是量化研究，则应该具体到变量的描述；如果是调查问卷，题目又是认知、态度和对策，那么研究的问题也应该按照这个顺序排列，例如教师对待知识隐藏的看法如何、态度是怎样的、有哪些应对措施？

4

首先，文献综述的结构组织还是很有逻辑的，从定义到成因，从后果到策略，符合我们正常的理解方式。其次，文献引用总量不多，且近三年之内的没有任何引用，而且 Tan（2015）那篇存在意义不大，因为作者没能建立起该文献和当前论文的真正关联。Gagné 等（2019）这一篇拼写错误，有多余的空格，给人不严谨的感觉。再次，每个模块的叙述过于简略，感到作者没有广泛深入阅读，所以从已有文献中挖掘出的信息十分有限。例如，三种类型的知识隐藏应该展开叙述，定义是什么，区别是什么。最后，综述那一段更像是总结，看不到任何批判性，也没有指向该论文真正的研究目的。

5

理论框架的撰写基本是失败的。①没有引用任何文献，读者无法判断哪一句话是真的，哪一句话是假的。②连基本的概念解释都没有。自我决定论包含的三个要素是什么，没有给出。③几乎在循环叙述，每一段都要强调如何帮助了解动机，但是没有提供实证研究结果来佐证这个理论在指导相关研究中的价值和效果。④本文的研究目的是认知、态度和对策，压根没有提动机，为何在理论框架这里又冒出来动机这个新词？⑤最好结合多种理论，且提出比较新颖的理论视角。

6A

这一章呈现的是混合研究方法中的量化设计部分。首先，抽样方式看起来很合理，但实际上一般个体研究者无法达成这样的目标，因为没有一定的社会资源和地位，没有哪个学校可以让你"随机"抽样。其次，抽样的数量算得也不对，每个区两个省份，每个省份两所学校，每个学校20～30人，不可能只有300人。确保了地域和学校类型代表性，那么性别代表性不需要关注吗？最后，数据收集部分仅仅粗略地列举，没有详细说明。例如，问卷谁设计的，信效度如何？什么时候发放的，有没有知情同意书？问卷多少道题，什么类型，赋分方式呢？针对一个比较新的现象，是不是先质性后量化的混合研究更为合理？访谈只讨论了知识隐藏的个人原因和环境影响，不讨论看法和态度吗？访谈提纲多少道题？设计依据是什么？几个人审核过？有什么资质？

6B

首先，看得出这是一篇开题报告，即研究还没要真正进行。那么访谈提纲这15道题是如何设计出来的？怎么能够持续60分钟？其次，问题好像全部聚焦于被访者如何隐藏知识的，而没有把他们当成被隐藏知识的对象。这是什么原因呢？研究者假设招募的教师一定是知识隐藏的施动者吗？那么筛选标准为何没有体现这一点呢？再次，为何教学经验5～15年、具有副高级以上职称的就有代表性了呢？根据经验和常识，青年教师不更是知识被隐藏的重灾区吗？都已经能拿到学校教师名单了，怎么还使用便利抽样呢？有什么不得已的苦衷吗？最终计划要访谈多少人呢？最后，作者提供了数据分析方案和确保数据真实有效的策略，值得肯定。

7B

结果部分开始能够先重述一下研究方法，这很好；然而，我们看不出该研究的研究问题是什么，因此无法判断研究结果的呈现是否有效且准确地回应了研究问题。此外，研究结果的描述非常单薄；作者没有引用访谈中的原话，也没有引用分析过程中的具体编码来支撑结果的叙述。例如，几号受访者，什么背景，说了什么话，支撑哪些结果？这些都应该通过夹叙夹议的方式呈现出来，让读者可以判断。再次，作者在研究过程中的主观性和反身性（reflexivity）也需要明确阐述。质性研究中，研究者本身就是重要的研究工具，其背景、立场和偏见都可能影响数据的收集和分析过程。因此，作者应该坦诚地讨论自己与研究对象之间的关系，以及这种关系可能对研究产生的影响。例如，作者是否与受访者之前就认识？在访谈过程中是否遇到了特殊的困难或挑战？作者的专业背景和个人经历如何影响了对数据的解读？最后，作者虽然声称采用了扎根理论方法，但在结果呈现中并未体现出扎根理论研究的核心特征。根据扎根理论的要求，研究者需要通过持续比较法，从数据中逐步抽象出概念、类属，最终形成理论。然而，目前的结果展示更像是简单的主题分析，没有清晰呈现出从开放性编码、主轴编码到选择性编码的过程，也看不到概念之间的关系是如何建立的。

9

首先，如果这是针对中国高校教师的研究，那么在结论指出中仅仅提及"青椒"是不妥当的，除非一开始标题就是关于大学青年教师或者新入职教师。具体而言，结论的一开始应该先重述研究的目的和具体方法，例如样本量应该说明。其次，理论贡献稍微有些夸大其词，甚至跑题。实践意义方面也可以适度"低调"，因为论文中我们一般不会自己夸自己的研究"宝贵"或"深入"。针对建议的讨论比较笼统，例如建议大学"减少不必要的竞争压力"给人一种业余和随意的感觉。而且知识隐藏现象的利益相关者不只学校一方，还有教师本身，以及中层管理者，那么针对他们的建议也可以基于研究结果进行罗列。最后，未来研究方向这一段也是写得比较空，没有紧紧抓住大学"青椒"这个群体的知识（被）隐藏主题展开，反而给人一种放之四海而皆准的敷衍。值得注意的是，如果该论文的研究目的没有变化，仍是关于知识隐藏的认知、态度和对策，那么本结论是片面的、无效的。

参考文献

Abbott, L. , & Grady, C. (2011). A systematic review of the empirical literature evaluating IRBs: What we know and what we still need to learn. *Journal of Empirical Research on Human Research Ethics*, 6(1): 3–19.

Alhawiti, K. M. (2014). Natural Language Processing and its use in education. *International Journal of Advanced Computer Science and Applications*.

Artiles, A. J. (2011). Toward an Interdisciplinary Understanding of Educational Equity and Difference. *Educational Researcher*，40(9)，431–445.

Blass, E. (2020). Debunking Hattie: Evaluating the contribution of academic studies to policy development and implementation in Australia. *Journal of Education & Social Policy*, 7 (4). 91–97.

Bloom, B. S. & David R. K. (1956). *Taxonomy of educational objectives: The classification of educational goals, by a committee of college and university examiners*. Handbook 1: Cognitive domain. New York, Longmans.

Chan, M. C. E. , & Clarke, D. (2018). Video–based research in a laboratory classroom. *Video–based Research in Education*.

Charmaz, K. (2014). *Constructing grounded theory (2nd ed.)*. London: Sage.

Chein, I. (1981). Appendix: An introduction to sampling. In L. H. Kidder (Ed.),*Selltiz, Wrightsman & Cook's research methods in social relations*(4th ed.). Austin, TX: Holt, Rinehart and Winston, 418 - 441.

Corbin, J. , & Strauss, A. (2015). *Basics of qualitative research: Techniques and procedures for developing grounded theory* (4th ed.). Thousand Oaks, *CA: Sage.*

Creswell, J. W. (2015). *A concise introduction to mixed methods research.* Thousand Oaks, CA: Sage.

Herzberg, F. (2017). *Motivation to work.* Routledge.

Marshall, G. (2005). Critiquing a research article. *Radiography, 11*(1), 55-5

Matías-Guiu, J. , & Garc í a-Ramos, R. (2011). Editorial bias in scientific publications. *Neurologia, 26,* 1-5.

Maslow, A. , & Lewis, K. J. (1987). Maslow's hierarchy of needs. *Salenger Incorporated, 14*(17), 987-990

Merriam, S. B. , & Tisdell, E. J. (2015). *Qualitative research: A guide to design and implementation.* John Wiley & Sons.

Mills, G. E. , & Gay, L. R. (2016). *Educational research : Competencies for analysis and applications.* Pearson.

Mirnezami, S. R. , Beaudry, C. , & Larivi è re, V. (2016). What determines researchers' scientific impact? A case study of Quebec researchers. *Science and Public Policy, 43,* 262-274.

Pyrczak, F. (2016). *Evaluating research in academic journals: A practical guide to realistic evaluation.* Routledge.

Rani, S. , & Kumar, P. (2017). A sentiment analysis system to improve teaching and learning. *Computer.*

Zheng, Z. , & Wang, D. (2022). Research on head object detection algorithm in classroom scene. In 2022 7th International Conference on Signal and Image Processing (ICSIP). IEEE，333–337